I0423721

Hermann Schulze-Delitzsch

Die Abschaffung des geschäftlichen Risico durch Herrn Lassalle

Nach dem Original von 1866
herausgegeben von Hansjörg Walther.

Libera Media

2016

Copyright © 2016 by Hansjörg Walther, Libera Media

All rights reserved.

V. i. S. d. P.:
Dr. Hansjörg Walther
Schwarzburgstraße 7
60318 Frankfurt am Main
Deutschland

ISBN-13: 978-1533277107
ISBN-10: 1533277109

Inhalt

EINLEITUNG

DIE ABSCHAFFUNG DES GESCHÄFTLICHEN RISICO DURCH HERRN LASSALLE

Einleitung

Der Autor

Hermann Schulze wurde am 29. August 1808 als ältester Sohn von zehn Kindern[1] in Delitzsch in Sachsen geboren. Sein Vater war dort Bürgermeister und wie schon die Vorfahren seit Generationen Patrimonialrichter. Dabei handelte es sich um eine Position noch aus feudalen Zeiten, als die Gutsherren die Gerichtsbarkeit auf ihren Gütern innehatten und diese von eigenen Richtern ausüben ließen.

Nach Besuch der Alten Nikolaischule in Leipzig von Oktober 1821 bis Frühjahr 1827 begann Hermann Schulze in Leipzig ganz in der Familientradition Rechtswissenschaften zu studieren. Mittlerweile

---

[1] *Neben Hermann Schulze erreichten nur drei seiner Brüder das Erwachsenenalter: Rudolf Schulze (1812–1860), Wilhelm Schulze (1814–1843) und Heinrich Schulze (1817–1871).*

war seine Heimatstadt an Preußen gefallen und in die preußische Provinz Sachsen eingegliedert worden, denn das Königreich Sachsen hatte auf der falschen Seite gestanden und war mit Napoleon 1815 besiegt worden. Das bedeutete für Hermann Schulze auch, daß er sich mit dem preußischen Rechtssystem vertraut zu machen hatte. Er wechselte deshalb 1829 an die Universität in Halle, wo er sein Studium abschloß. Im Juni 1830 bestand er im Alter von zweiundzwanzig Jahren sein erstes Examen beim Oberlandesgericht in Naumburg an der Saale.

Hermann Schulze wurde als nächstes als Auskultator bestellt und trat seinen Dienst am Landgericht in Torgau an. Dort absolvierte er auch als Einjährig-Freiwilliger im ersten Bataillon des 20. Linien-Infanterie-Regiments seinen Wehrdienst. Nach einem weiteren Jahr am Landgericht in Torgau wechselte Hermann Schulze 1832 wieder nach Naumburg an das Oberlandesgericht, um dort das zweite Examen zu machen, das er im Herbst 1833 bestand. Nunmehr als Referendar begab Hermann Schulze sich in Vorbereitung auf das dritte Examen nach Wittenberg, von wo er im April 1834 wieder nach Naumburg zurückkehrte, um dieses bei dem dortigen Oberlandesgericht nach einem Kursus zu absolvieren. Seine Studien ließen ihm dabei genug Muße, sich auch schriftstellerischen Neigungen zu widmen. So veröffentlichte er 1838 einen Band mit Gedichten unter dem Titel „Wanderbuch – Ein Gedicht in Scenen und Liedern" im Verlag von Brockhaus in Leipzig, das den jungen Theodor Fontane beeinflußte.

Einleitung

Nach erfolgreicher Ausbildung kehrte Hermann Schulze 1841 in seine Heimatstadt Delitzsch zurück, wo er wie sein Vater nun ebenfalls Patrimonialrichter wurde. Er beschäftigte sich dabei nebenher mit theologischen Themen. Schon während des Studiums war er in Kontakt zu freikirchlichen Kreisen gekommen, einer Richtung der er auch später nahestand. Und die Sommerzeit nutzte er zu ausgedehnten Reisen, so 1841 mit einem längeren Aufenthalt in Salzburg und Tirol sowie 1843 einer Reise nach Norwegen und Schweden. Im Jahre 1844 besuchte er Italien, was ihn tief beeindruckte.

Waren diese Aktivitäten auf seine eigene innere Entwicklung gerichtet, so entfaltete er während dieser Jahre auch einen anderen Anteil seines Wesen, der für seinen weiteren Werdegang bestimmend werden sollte. So wurde er in seiner Freizeit Mitglied in verschiedenen Vereinen, etwa im örtlichen Gesang- und Turnverein. Und als im Jahr 1846 Mißernten aufgrund der Kartoffelfäule auch in Deutschland zu einer schwierigen wirtschaftlichen Lage führten, griff er ein, um die Not zu lindern. So organisierte Hermann Schulze in seiner Heimatstadt ein Hilfskommitee, das eine Mühle und eine Bäckerei pachtete. Das dort hergestellte Brot wurde zu ermäßigten Preisen abgegeben, für Arme sogar kostenlos. Nicht zuletzt das brachte ihm die Achtung seiner Mitbürger ein.

Hermann Schulze war auch politisch interessiert und ahnte wie viele im Vormärz, daß eine große Veränderung anstand. Als 1848 die Revolution ausbrach und in Preußen eine Nationalversammlung einberufen wurde, wählte ihn seine Vaterstadt Delitzsch zum

Abgeordneten. Auf diese Weise bekam Hermann Schulze auch den Namen, unter dem er später in Deutschland, ja weltweit bekannt werden sollte. Denn im Parlament gab es mehrere Abgeordnete mit dem Nachnamen Schulze. Wie in der Zeit üblich, erhielt er deshalb den Namenszusatz „Delitzsch" für seinen Wahlkreis, der später mit ihm so verbunden blieb, als wenn es sich um einen regelrechten Bestandteil seines Namens handele.

In der Nationalversammlung gehörte Hermann Schulze-Delitzsch dem linken Zentrum an. Er vertrat dabei die Auffassung, daß eine Verfassung für Preußen als gleichberechtigte Vereinbarung zwischen Parlament und König zustandekommen sollte und sprach sich gegen das Gottesgnadentum aus. In der Endphase der Revolution, als die Nationalversammlung mit Gewalt auseinandergetrieben werden sollte, war er maßgeblich an dem Beschluß beteiligt, der Regierung das Recht zu bestreiten, Steuern einzutreiben und über die Gelder zu verfügen, solange die Arbeit der Nationalversammlung mit Gewalt unterbunden wurde.

Insbesondere dieser Steuerverweigungsbeschluß holte Hermann Schulze-Delitzsch in der folgenden Reaktionszeit ein. Vom 3. bis 20. Februar 1850 wurde er zusammen mit anderen ehemaligen Abgeordneten in Berlin vor Gericht gestellt. Vorgehalten wurde den Angeklagten, sie hätten mit der Steuerverweigerung zum Aufruhr aufgerufen. Schulze-Delitzsch konnte allerdings nachweisen, daß er ganz entgegen den Anschuldigungen in der Zeit beruhigend auf seine Wähler in Delitzsch eingewirkt hatte. Auch ansonsten war die Anklage unbegründet. In einer mitreißenden Rede am 8. Februar 1850 widersprach Hermann Schulze-Delitzsch den Vorwürfen. Dies trug nicht wenig dazu bei, daß alle Angeklagten bis auf einen von den Geschworenen freigesprochen wurden.

Die veränderten Verhältnisse hatten auch in anderen Hinsichten eine Auswirkung auf das Leben von Hermann Schulze-Delitzsch. Mittlerweile war die Patrimonialgerichtsbarkeit als Relikt aus feudalen Zeiten abgeschafft worden, was Hermann Schulze-Delitzsch ganz uneingennützig unterstützt hatte. So nahm er nun eine Option wahr, die er während seiner Ausbildung erhalten hatte, nämlich eine Anstellung als Richter im Staatsdienst zu verlangen.

Schon der Ort, an den er verwiesen wurde, deutete darauf hin, daß man ihn möglichst aus dem Verkehr ziehen wollte. Hermann Schulze-Delitzsch wurde auf eine Richterstelle im entlegenen Wreschen in der Provinz Posen berufen. In der Zwischenzeit hatte er 1850 in Berlin seine Frau kennengelernt, und der erste Sohn war geboren worden. Die Familie zog an den neuen Einsatzort, und Hermann Schulze-Delitzsch nahm seine Tätigkeit auf. Allerdings gab es schon bald Schwierigkeiten für ihn im Staatsdienst, die mit seinen vorherigen politischen Aktivitäten zusammenhingen. Als er im Jahre 1851 einen Urlaub beantragte, wurde ihm dieser zwar gewährt, aber nur unter der Bedingung, daß er ihn nicht in seiner Heimatstadt Delitzsch verbringen sollte. Man befürchtete wohl, daß er in seinem gewohnten Umfeld wieder politisch tätig werden könnte.

Hermann Schulze-Delitzsch setzte sich über die Gängelung hinweg, was prompt mit einem Abzug vom Gehalt bestraft wurde. Nach erfolglosen Auseinandersetzungen mit dem Ministerium, aus dem die Anweisung gekommen war, reichte Schulze-Delitzsch seinen Abschied ein und kehrte im Oktober 1851 nach Delitzsch zurück. Um seinen und den Lebensunterhalt seiner Familie zu bestreiten, trat er dort in eine Anwaltspraxis ein. Kurz darauf wurde auch sein zweiter Sohn geboren.

Die Reaktionszeit der 1850er Jahre war kein Umfeld, in dem sich politische Bestrebungen verfolgen ließen. Von daher verlegte sich Hermann Schulze-Delitzsch auf gesellschaftliche Aktivitäten. Sein Anliegen war es, wie schon im Hungerjahr 1846 dazu beizutragen, das Los der ärmeren Bevölkerungsschichten zu verbessern. Vom reaktionären Staat erwartete er nichts, auch nicht von sozialistischen Plänen, wie sie von manchem ins Auge gefaßt wurden. Wenn es zu einer Verbesserung kommen konnte, dann nur durch eine freiwillige gesellschaftliche Selbsthilfe.

Von diesem Gedanken ausgehend, begann Hermann Schulze-Delitzsch sein Wirken für das Genossenschaftswesen, das ihm nicht nur in Deutschland, sondern weltweit Ruhm einbringen sollte. Bereits im Sommer 1849 gründete sich unter seiner Anleitung in Delitzsch eine Kranken- und Sterbe-Kasse, der später im Jahr eine Rohstoffassoziation der Schuhmacher folgte. Mit einem Vorschußverein legte Hermann Schulze-Delitzsch im Jahre 1850 den Grundstein für seine wohl bekannteste Schöpfung:

die Volksbanken, die sich aus diesen ersten Anfängen in den nächsten Jahren und Jahrzehnten entwickelten. Er achtete dabei immer darauf, daß nur auf der Basis der Selbsthilfe, d. h. ohne Zuschüsse von karitativen Einrichtungen, Spenden von reichen Gönnern oder dem Staat, gewirtschaft wurde. Die Gesellschaft könne und solle sich selbst helfen, weil nur das würdig und auf Dauer auch erfolgversprechend sei.

Der Genossenschaftsgedanke verbreitete sich von Delitzsch schnell in der Region und dann auch über diese hinaus. Um die wachsende Bewegung zu koordinieren und die Kenntnisse zu verbreiten, schuf sich Hermann Schulze-Delitzsch ein Sprachrohr, zu dem ihm ab 1854 ein ihm eingeräumter Abschnitt über das Genossenschaftswesen unter dem Titel „Die Innung der Zukunft" in der „Deutschen Gewerbe-Zeitung" von G. Wieck in Leipzig diente, den er ohne jegliches Honorar beisteuerte. Bis 1858 hatten sich über dreißig Genossenschaften nach dem System Schulze-Delitzsch, d. h. nur auf Selbsthilfe beruhend, gebildet. Mit dem Wachstum der Genossenschaftsbewegung wurde aus dem Abschnitt in der „Gewerbe-Zeitung" eine Beilage und schließlich ab 1861 eine eigenständige Publikation mit dem Titel „Blätter für Genossenschaftswesen".

Die Erfolge der Genossenschaften blieben nicht unbeachtet. Im Herbst 1857 wurde Hermann Schulze-Delitzsch so etwa zum „Congrés international de bienfaisance" (Internationaler Wohltätigkeitskongreß) in Frankfurt am Main eingeladen, um in einem Vortrag über die Fortschritte des Genossenschaftswesen zu berichten. Anwesend waren dabei auch einige der führenden Volkswirte in Deutschland, denen gegenüber Schulze-Delitzsch die Gründung einer Vereinigung vorschlug. Die Anregung wurde aufgenommen und schon im folgenden Jahr der „Kongreß deutscher Volkswirte" aus der Taufe gehoben. Auf dessen „Volkswirtschaftlichen Kongressen" war Hermann Schulze-Delitzsch von Anfang an vertreten, das erste Mal 1858 in Gotha, und informierte dort über die Entwicklung des Genossenschaftswesens und nahegelegene Fragen.

Mit der Regentschaft von Prinz Wilhelm von Preußen (dem späteren Kaiser Wilhelm I.) ab 1858 für seinen regierungsunfähigen Bruder, der die reaktionäre Linie während der 1850er Jahre vorgegeben hatte, kam es zu einem Tauwetter in Deutschland. Während dieser als „Neue Ära" bekannten Phase wurde die restriktive Politik gelockert. Anstatt der reaktionären Minister traten nun liberalergesinnte Männer an die Spitze des Staates, und es entwickelte sich ein politisches Leben, das seit einem Jahrzehnt nicht mehr existiert hatte.

Zunächst hielten sich die Veteranen der Revolution von 1848 zurück, um ja nicht die Entwicklung zu gefährden. Man überließ stattdessen gemäßigten Kräften das Feld. Demokraten wie Hermann Schulze-Delitzsch verzichteten zunächst entsprechend darauf, für das Preußische Abgeordnetenhaus zu kandidieren. Allerdings wuchs schon bald die Unzufriedenheit mit der zu verhaltenen Politik des Parlaments.

Um die Entwicklung voranzutreiben, schalteten sich die entschiedener Liberalen dann doch mehr und mehr in das Geschehen ein. Eine ihrer ersten Aktivitäten, wieder von Hermann Schulze-Delitzsch mitangeregt, war dabei die Gründung des „Nationalvereins" im Jahre 1859, zu dessen führenden Sprechern er von Anfang an gehörte. Ziel des Vereins war die deutsche Einigung auf liberaler Grundlage.

Bei einer Nachwahl für das Abgeordnetenhaus im Dezember 1860 trat Hermann Schulze-Delitzsch dann in Waldeck an und konnte den Sitz für sich gewinnen. Im Parlament schloß er sich der linken Fraktion an, die sich um die Zeit bildete und die spöttisch als „Jung-Littauen" bezeichnet wure, weil die meisten ihrer Abgeordneten aus Ostpreußen stammten[1]. Im Jahre 1861 war Hermann Schulze-Delitzsch schließlich an der Gründung der Deutschen Fortschrittspartei beteiligt, die aus der Fraktion „Jung-Littauen" hervorging. Es handelte sich dabei um die erste Programmpartei in Deutschland. Wegen seiner politischen Verpflichtungen zog Hermann Schulze-Delitzsch im Jahre 1862 von seiner Heimatstadt Delitzsch nach Potsdam um.

Mittlerweile neigte sich die „Neue Ära" auch schon wieder ihrem Ende zu. Der König beharrte auf einer Heeresreform, die vom Abgeordnetenhaus abgelehnt wurde. Die Deutsche Fortschrittspartei verlangte demgegenüber eine Abkürzung der Dienstzeit für die Rekruten von drei auf zwei Jahren und den Erhalt der Landwehr mit ihrer bisherigen Aufgabenstellung. Die Landwehr erschien aber den Herrschen-

---

[1] *Im östlichen Teil von Ostpreußen gab es tatsächlich Gebiete, in denen eine litauische Bevölkerung lebte. Allerdings hatten die Abgeordneten damit nichts zu tun.*

den als zu unsicher, weshalb sie zugunsten der loyalen Armee zurückgesetzt werden sollte. Auch die Auflösung des Abgeordnetenhauses änderte an der Konfrontation nichts, denn die Deutsche Fortschrittspartei ging aus den Neuwahlen wesentlich gestärkt hervor.

Immer mehr verschärfte sich die Auseinanderzusetzung zu dem, was der Preußische Verfassungskonflikt genannt wurde und was die Politik der nächsten Jahre bestimmte. Die Regierung überging das Parlament, während die Deutsche Fortschrittspartei auf dessen verfassungmäßigem Budgetrecht beharrte. Wilhelm von Preußen, mittlerweile König, war im Jahre 1862 bereits nahe daran, zu Gunsten seines Sohnes abzudanken, weil er keinen Ausweg mehr sah, entschloß sich dann aber für ein Wagnis und berief den noch weitgehend unbekannten Otto von Bismarck zum Ministerpräsidenten.

Dieser kultivierte nun den Verfassungsbruch gegen den erbitterten Widerstand der Deutschen Fortschrittspartei. Die Opposition wurde mit Beschränkungen der Pressefreiheit und Schikanen gegen ihre Mitglieder drangsaliert, allerdings ohne den erhofften Erfolg. Ganz im Gegenteil gerieten die erneuten Wahlen 1863 zu einem Fiasko für die reaktionäre Seite. Die Deutsche Fortschrittspartei erhielt zwei Drittel der abgegebenen Stimmen und wurde die stärkste Fraktion im Parlament. Hermann Schulze-Delitzsch vertrat dabei den 3. Berliner Wahlkreis im Abgeordnetenhaus und war einer der führenden Sprecher der Deutschen Fortschrittspartei.

Einleitung

Für die Fortschrittler völlig unverständlich eröffnete genau in dieser Phase der Sozialist Ferdinand Lassalle seine Agitation. Anstatt die Opposition zu unterstützen, fiel er dieser in den Rücken. Insbesondere griff er dabei Hermann Schulze-Delitzsch an. Lassalle behauptete, er habe ein Rezept, wie er die Armut beseitigen könne. Dazu müßten einfach nur mit staatlichem Kredit „Produktivassoziationen mit Staatshülfe" gegründet werden, die sich in einem umfassenden sozialistischen System einordnen sollten. Den Kredit könne sich der Staat ja durch Ausgabe von Papiergeld verschaffen.

Lassalle war bis dahin keineswegs als Genossenschafter aufgefallen, sondern als Lebemann und jemand, der sich als Philosoph profilieren wollte. Dennoch belehrte er Hermann Schulze-Delitzsch darüber, daß dessen Genossenschaften auf Selbsthilfe unzulänglich seinen. Für einen erfahrenen Praktiker wie Hermann Schulze-Delitzsch war das ein Hohn. Er wies die Behauptungen Lassalles zurück, was zu einem Abtausch zwischen den beiden in der Öffentlichkeit führte[1]. In diesem Zusammenhang entstand auch die hier wiederveröffentlichte Schrift.

Von Seiten der Regierung wurde Lassalles Vorgehen wohlwollend verfolgt. Hinter den Kulissen traf sich Bismarck zu freundlichen Gesprächen mit dem Agitator. Und Bismarck nahm auch den Vorschlag der Produktivassoziationen auf und brachte den

---

[1] *Von der Seite von Hermann Schulze-Delitzsch gehörte dazu die Schrift: „Kapitel zu einem deutschen Arbeiterkatechismus" von 1863 (Neuausgabe bei Libera Media).*

preußischen König dazu, eine Musterassoziation zu finanzieren. Wie von Schulze-Delitzsch vorhergesagt, scheiterte diese allerdings schon bald kläglich.

Das Genossenschaftswesen auf Selbsthilfe wuchs währenddessen immer weiter und fand sogar im Ausland Beachtung und Nachahmung. Es fehlte aber mittlerweile an einer angemessenen Organisation. Im Jahre 1861 schlugen deshalb die Genossenschaften vor, für Hermann Schulze-Delitzsch eine eigene Position als „Anwalt der Genossenschaften" zu begründen. Bis dahin hatte dieser seine Aktivitäten ganz aus eigener Tasche finanziert. Ihm sollte nun ein kleines Gehalt gezahlt werden, damit er sich auf das Genossenschaftswesen konzentrieren konnte. Hermann Schulze-Delitzsch nahm das Angebot an. Eines seiner ersten Ziele war es dabei, die organisatorische Infrastruktur der Genossenschaften zu verbessern. Im Jahre 1864 wurden in diesem Sinne regionale Unterverbände eingerichtet, und 1865 als Zentralinstitut für die Genossenschaften eine eigene Bank, die „Deutsche Genossenschafts-Bank", begründet.

In Anerkennung für seine großen Leistungen veranstalteten führende Politiker und Persönlichkeiten des öffentlichen Lebens eine Sammlung zu seinen Ehren. Am 4. Oktober 1863 erhielt Hermann Schulze-Delitzsch so ein Kapital von etwa 50.000 Talern[1]. Anstatt das Kapital, wie eigentlich vorgesehen, frei

---

[1] *Die Kaufkraft eines Taler ist nicht leicht anzugeben. Eine ganz grobe Richtung wäre hier etwa ein Äquivalent von 60 Euro für einen Taler, sodaß der Betrag heutigen 3 Millionen Euro entspräche.*

für seine persönlichen Zwecke zu verwenden, behielt Schulze-Delitzsch sich nur vor, daraus die Kosten für ein Haus in Potsdam zu bestreiten, wobei er die Vorarbeiten selbst bezahlte, und einen kleinen Teil zur Bezahlung von Mitarbeitern abzustellen. Den großen Rest brachte er in eine Stiftung ein, die auf Dauer zugunsten des Genossenschaftswesens arbeiten sollte.

Mit dem Deutsche Krieg von 1866 kam der Preußische Verfassungskonflikt zu einem Ende. Es wurde der Norddeutsche Bund gegründet, in dessen Reichstag Hermann Schulze-Delitzsch nun für den sechsten Berliner Wahlkreis gewählt wurde. Ein wichtiges Problem, das aus seiner Sicht gelöst werden mußte, war die unklare rechtliche Lage der Genossenschaften. Bis dahin hatten diese sich in ihnen nicht angemessenen rechtlichen Formen organisieren müssen, etwa als Vereine. Nachdem Schulze-Delitzsch bereits 1867 ein Genossenschaftsgesetz für Preußen angeregt hatte, folgte 1868 auch eines für den gesamten Norddeutschen Bund, das mit der deutschen Einigung auf ganz Deutschland ausgedehnt wird.

Seine Überlegungen zur rechtlichen Regelung stellte Schulze-Delitzsch in der Arbeit mit dem Titel „Die Gesetzgebung über die privatrechtliche Stellung der Erwerbs- und Wirthschafts-Genossenschaften mit besonderer Rücksicht auf die Haftpflicht bei kommerziellen Gesellschaften" zusammen, die 1869 im Verlag von Herbig in Berlin erschien. Nicht zuletzt als Anerkennung hierfür erhielt Hermann Schulze-Delitzsch 1873 von der Universität Heidelberg einen Ehrendoktortitel in Jura verliehen. Zudem nahmen ihn auch international wissenschaftliche und kommerzielle Gesellschaften als Mitglied auf, wie etwa die „Academia Fisico-Statistica" in Mailand, die lombardische „Societá di Economia politica" oder die „Reale Academia dei Lincei" in Rom.

Nach der Reichsgründung 1871 gehörte Hermann Schulze-Delitzsch weiterhin dem Reichstag für die Deutsche Fortschrittspartei an, bei den Wahlen 1871 wieder für den sechsten Berliner Wahlkreis, ab 1874 bis zu seinem Tode für den Wahlkreis Wiesbaden-Rheingau-Untertaunus. Daneben unterstützte er auch weitere gesellschaftliche Anliegen, etwa als Mitglied des „Vereins zur Verbesserung des Lehrlingswesens" und als Vorsitzender der „Gesellschaft für Verbreitung von Volksbildung", zu deren Gründung er im Jahre 1871 beigetragen hatte.

In den folgenden Jahren wurde die Leistung von Schulze-Delitzsch für das Genossenschaftswesen auch international anerkannt. Er wurde in den Cobden-Club in Großbritannien aufgenommen und erhielt 1869 in Amsterdam die Auszeichnung mit einem „Grand Diplome d'Honneur" sowie bei der internationalen Ausstellung 1876 in Brüssel eine goldene Medaille.

Hermann Schulze-Delitzsch starb am 29. April 1883 in Potsdam, wo er auch bestattet wurde. Am 13. September 1891 wurde auf dem Marienplatz in seiner Heimatstadt Delitzsch eine Bronzestatue zu seinen Ehren aufgestellt. Am 4. August 1899 folgte eine weitere auf dem ab 1910 so benannten Schulze-Delitzsch-Platz in Luisenstadt (heute in Berlin-Mitte),

Einleitung

wobei sein langjähriger Parteigenosse Eugen Richter (1838-1906) die Rede zur Denkmalseinweihung hielt[1].

Die Statue für Hermann Schulze-Delitzsch in seiner Heimatstadt wurde während des Zweiten Weltkriegs eingeschmolzen und 1950 durch eine Nachbildung ersetzt. In den frühen 1970er Jahren ließ die DDR-Führung den Schulze-Delitzsch-Platz in Inselplatz umbenennen und die Denkmäler in Berlin und Delitzsch sowie das Grabmal in Potsdam beseitigen. Vermutlich tat man sich schwer mit einem Politiker, der schon mehr als ein Jahrhundert zuvor das Scheitern des Sozialismus vorausgesagt und vor dessen Einführung gewarnt hatte.

Auf Drängen der westdeutschen Genossenschaften wurde das Grabmal von Schulze-Delitzsch in den 1980er Jahren wiederhergestellt, allerdings an anderer Stelle. Die beiden Denkmäler wurden erst nach dem Fall des DDR-Regimes restauriert und 1991, beziehungsweise 1992 an ihre ursprünglichen Standorte zurückversetzt.

---

[1] *Eugen Richter: „Schulze-Delitzsch. Ein Lebensbild zur Denkmals-Enthüllung", 1899. Die Rede wird bei Libera Media neu herausgegeben.*

Hansjörg Walther

Der Hintergrund

Die hier wiederveröffentlichte Schrift war die letzte Runde in der Auseinandersetzung zwischen Ferdinand Lassalle (1825-1864) und Hermann Schulze-Delitzsch. Sie erschien 1866, also zwei Jahre nachdem der sozialistische Agitator am 31. August 1864 bei einem Duell wegen einer Liebesaffäre getötet worden war.

Angefangen hatte der Abtausch im Jahre 1863. Es war die Zeit des Preußischen Verfassungskonfliktes, der sich zusehends zuspitzte und bei dem von verschiedenen Seiten eine Entwicklung hin zu einer regelrechten Revolution für möglich gehalten wurde. Hierbei standen sich die Regierung unter Otto von Bismarck und die oppositionelle Deutsche Fortschrittspartei gegenüber.

Vermutlich sah Ferdinand Lassalle um die Zeit seine Chance, eine bedeutende Rolle zu spielen. Von den Zeitgenossen wurde jedenfalls seine Eitelkeit als hervorstechendes Merkmal immer wieder herausgestellt. Wie Ludwig Bamberger (1823-1899) später spöttisch anmerkte, habe sich Lassalle selbst ein „Titanendiplom" ausgestellt.

Daß ein ehemaliger Teilnehmer der Revolution von 1848 und ausgewiesener Demokrat wie Lassalle ungeduldig war und die Gunst der Stunde für große Veränderungen nutzen wollte, leuchtet ein. Weniger klar ist hingegen, wieso er auf diese Weise vorging. Es hätte ja nahegelegen, innerhalb der Deutschen Fortschrittspartei auf deren demokratischem Flügel, zu dem Hermann Schulze-Delitzsch gehörte, mitzuwirken, eventuell die gemäßigeren Teile der Partei zu entschiedenerem Vorgehen anzustacheln und so die Entwicklung voranzutreiben. Aber stattdessen begann Ferdinand Lassalle nun ausgerechnet eine scharfe Agitation *gegen* die oppositionelle Deutsche Fortschrittspartei und dabei sogar vor allem gegen Hermann Schulze-Delitzsch.

Eine Erklärung dafür, die in der Zeit nicht ausgeschlossen wurde, auch wenn es dafür keine Belege gab, war die, daß die – im marxistischen Jargon ausgedrückt – „objektiv reaktionäre" Vorgehensweise von Lassalle einfach tatsächlich reaktionär war. Man mochte immerhin vermuten, daß Lassalle schlicht ein Agent der Regierung sein könnte. Bismarck mußte es ja recht sein, wenn die Opposition geschwächt wurde. Käme außerdem noch in den wohlhabenderen Schichten Angst vor einem sozialistischen Umsturz auf, so konnte das zu einer Solidarisierung der „ordnungsliebenden" Bürger mit der Regierung führen. Anhaltspunkte für eine solche Sichtweise gab es zumindestens: Die sozialistische Propaganda verfügte trotz ihrer wenigen Mitglieder[1] über erstaunliche Mittel. Im Gegensatz zur Fortschrittspartei blieben sozialistische Presse und Veranstaltungen weitgehend un-

---

[1] *Der von Ferdinand Lassalle gegründete „Allgemeine Deutsche Arbeiterverein" hatte nur wenige Tausend Mitglieder. Dennoch verfügte die Richtung aus dem Stand über mehrere Zeitungen.*

behelligt. Und wie später herauskam, gab es sogar private Treffen zwischen Bismarck und Lassalle.

Daß Teile der sozialistischen Bewegungen auf Staatsrechnung deren Geschäft betrieben, war durchaus der Fall. Wie August Bebel 1875 im Reichstag enthüllte, war etwa der Nachfolger von Ferdinand Lassalle, Johann Bapist von Schweitzer, ein Agent der preußischen Polizei. Daß Lassalle aber selbst ein Handlager der Regierung war, ist eher unwahrscheinlich.

Seine Kalkulation war vermutlich eine andere. Im Rahmen der Deutschen Fortschrittspartei war er ein Niemand, womit er keine, wie er meinte, ihm zustehende Führungsrolle spielen konnte. Zudem schätzte er die Fortschrittspartei auch als zu wenig revolutionär gesinnt ein, was wohl richtig war. Insofern lag es nahe, sich ein anderes revolutionäres Subjekt zu suchen, an dessen Spitze er sich setzen konnte. Die klassische Option waren hier „die Arbeiter", die allerdings weit überwiegend dem demokratischen Flügel der Deutschen Fortschrittspartei nahestanden. Insbesondere Hermann Schulze-Delitzsch stand in der Arbeiterschaft aufgrund seiner tätigen Bemühungen für die Verbesserung ihres Loses in hohem Ansehen.

Aus diesem Blickwinkel macht die Strategie von Ferdinand Lassalle Sinn: Um zum Führer von revolutionären Arbeitermassen aufzusteigen, mußten die Arbeiter der Deutschen Fortschrittspartei abspenstig gemacht werden. Hermann Schulze-Delitzsch anzugreifen, war dabei ein entscheidender Schritt, denn dieser stand Lassalle im Weg..

Einleitung

Dabei war die Pose als Volkstribun Ferdinand Lassalle alles andere als in die Wiege gelegt. Er stammte aus reichem Hause und mußte niemals seinen Lebensunterhalt selbst verdienen. Entsprechend hatte er bis dahin seine Tage als Lebemann gefristet. Seine Hauptsorge war es, in akademischen Kreisen mit philosophischen Studien Eindruck zu machen. Als Arbeiterführer hingegen war er eine erstaunliche Besetzung. Wie Ludwig Bamberger (1823-1899), der Lassalle aus der Nähe kannte, es später[1] ausdrückte:

> „Wir haben sie ja gekannt, den Apostel Lassalle und seinen Sänger Herwegh, einer wie der andere die blasirte Eleganz bis in die Fingerspitzen hinein. Es war unmöglich, mit ihnen in Berührung zu kommen, ohne sofort an den Hohn zu denken, daß von diesen Dandies zum grimmen Faustkampf für den frugalen Proletarierstaat aufgeboten wurde."

Das warf die Frage auf: Wie konnte sich Ferdinand Lassalle unter diesen Voraussetzungen an die Spitze der Arbeitermassen bringen? Der erste Schritt dazu mußte sein, jemanden wie Hermann Schulze-Delitzsch zu demontieren. Dessen große Erfolge als Genossenschafter seien doch eigentlich gar nichts wert, höchstens ein Mittel, die Arbeiter politisch kaltzustellen. Im Gegensatz dazu habe er, Ferdinand Lassalle, die Lösung für die Probleme der Zeit.

---

[1] In: *„Deutschland und der Sozialismus"* von 1878, eine Neuausgabe wird bei Libera Media erscheinen.

Lassalle propagierte dazu ein Programm, das wenig originell war und auf eine Spaltung der Bürgerschaft in „Arbeiter" und „Bourgeoisie" abzielte: Das letztliche Ziel sei eine sozialistische Wirtschaftsordnung. Diese werde aus „Produktivassoziationen" bestehen, die alle Arbeiter eines Gewerbes an einem Ort umfassen sollten. Das nötige Kapital zu ihrem Betrieb müsse der Staat vorschießen, wobei dieser es sich wiederum über Ausgabe von Papiergeld, also Gelddrucken, beschaffen könne. Damit sei es möglich, die Lage der großen Masse entscheidend zu verbessern. Und durchgesetzt werden sollte das alles mit dem allgemeinen und gleichen Wahlrecht[1].

Das war alles andere als neu. Der Weg über das allgemeine und gleiche Wahlrecht war schon seit Jahrzehnten ein Standardrezept der sozialistischen

---

[1] *Das allgemeine und gleiche Wahlrecht hatte bei der Wahl der Preußischen Nationalversammlung gegolten und auch zunächst noch bei der Wahl zur zweiten Kammer unter dem Zweikammersystem, war aber dann durch das Klassenwahlrecht ersetzt worden, bei dem die Stimmen derjenigen mehr Gewicht hatten, die mehr Steuern zahlten. Auch Hermann Schulze-Delitzsch vertrat demgegenüber das allgemeine und gleiche Wahlrecht, was aber um die Zeit nicht durchsetzbar war und auch keinen großen Unterschied gemacht hätte. Die Deutsche Fortschrittspartei war selbst mit dem Klassenwahlrecht im Parlament sehr stark vertreten. Die Einführung des allgemeinen und gleichen Wahlrechts für den Reichstag 1867 brachte auch keinesfalls den von Lassalle dadurch prognostizierten Umschwung. Die Sozialdemokraten brauchten das ganze Kaiserreich hindurch, um schließlich gerade einmal nur etwa ein Drittel der Stimmen auf sich zu vereinigen.*

Einleitung

Bewegung, das bereits die englischen Chartisten in der ersten Hälfte des Jahrhunderts propagiert hatten. Und ansonsten frischte Ferdinand Lassalle im Wesentlichen nur die Pläne von Louis Blanc[1] auf, die dieser während der Revolution von 1848 umzusetzen versucht hatte, aber dabei gescheitert war.

Hermann Schulze-Delitzsch wandte sich gegen Lassalles Behauptungen nun in einer Serie von sechs Vorträgen, die er 1863 im Berliner Arbeiterverein hielt. Herausgegeben wurde diese auch in Buchform als „Kapitel zu einem deutschen Arbeiterkatechismus"[2]. Hermann Schulze-Delitzsch legte dabei den Finger in die Wunde: Wie sollte der Plan von Lassalle genau funktionieren? Als erfahrener Genossenschafter erkannter Schulze-Delitzsch sofort die Schwachpunkte. Ohne eine Verantwortlichkeit durch eigenes Aufbringen des Kapitals würden die geplanten Assoziationen das Kapital wohl leicht verschwenden. Um das zu verhindern, müsse der Staat als Kapitalgeber mit in den Betrieb der Assoziationen eingreifen, womit die Behauptung, die Arbeiter seien nun die Herren, eine Fiktion werde. Lassalles Behauptung, man könne die Konkurrenz beseitigen, die er für wirtschaftliche Verwerfungen verantwortlich machte, indem man alle Arbeiter an einem Ort in einer Asso-

---

[1] *Louis Blanc (1811-1882) war ein französischer Sozialist, der in seinem Buch „Die Organisation der Arbeit" von 1839 ein „Recht auf Arbeit" proklamierte. Während der Revolution von 1848 versuchte er seine Pläne, etwa Arbeitslose in „Nationalwerkstätten" zu beschäftigen, erfolglos umzusetzen.*

[2] *Eine Neuausgabe erscheint bei Libera Media.*

ziation zusammenfasse, übersehe die Konkurrenz zwischen den Orten. Man müsse von der zwangsweisen Organisation der Produktion deshalb auch gleich zur zwangsweisen Organisation der Konsumtion übergehen. Damit entstehe eine gewaltiges Zwangssystem. Und die Vorstellung, daß es großen Wohlstand gebe, der einfach nur über das Wirtschaftssystem anders verteilt werden müsse, um alle in ihrer Lage zu heben, sei eine Illusion. Diejenigen, von denen man zu nehmen beabsichtige, seien ja dieselben, denen man es geben wolle. Nur durch Aufbau von Kapital und die Verbesserung der Wirtschaftsweise sei ein Fortschritt auf Dauer denkbar, nicht aber durch ein Dekret des Staates.

Eine solche Kritik konnte Lassalle natürlich nicht auf sich beruhen lassen. Er wartete mit seiner Schrift „Herr Bastiat-Schulze von Delitzsch, der ökonomische Julian oder Capital und Arbeit" auf, die bei Reinhold Schlingmann 1864 in Berlin erschien. Schon der Titel zeigt das Persönliche der Attacken, mit denen sich Ferdinand Lassalle auf Hermann Schulze-Delitzsch stürzte. Wie so oft mußte der beleidigende Angriff die Dürftigkeit der Argumente verdecken. Lasssalle versuchte dabei auch einige der klaffenden Lücke in seiner Beweisführung zu schließen.

Wie Hermann Schulze-Delitzsch in der vorliegenden Schrift „Die Abschaffung des geschäftlichen Risico durch Herrn Lassalle aufzeigt, gelang das Lassalle aber nicht. Die Schwächen des Lassalleschen Systems waren eben nicht eine leicht korrigierbare Randerscheinung, sondern so tiefgreifend, daß das ganze Projekt daran scheitern mußte.

Zur Edition

Die hier vorliegende Neuausgabe orientiert sich am Original von 1866, das im Verlag von Franz Duncker in Berlin erschien. Wie aus dem Titel hervorgeht, sah Hermann Schulze-Delitzsch sie als eine Ergänzung seines vorherigen Buchs „Kapitel zu einem deutschen Arbeiterkatechismus" an.

Eine Paginierung ist in klein gesetzten eckigen Klammern im Text vermerkt, wobei bei Worttrennungen ein Bindestrich auch nach der Seitenzahl eingefügt wurde. Aus ästhetischen Gründen wurden zudem Seitenzahlen nach Überschriften positioniert. Sperrungen und andere Formatierungen wurden nachgeahmt, nichtkursiven Fußnoten stammen aus dem Original, und die Tabelle auf Seite 44 wurde unmittelbar reproduziert.

Kursive Fußnoten enthalten hingegen Anmerkungen und Erläuterungen des Herausgebers. Bei der Kommentierung wurden dabei im Zweifelsfall eher zu viele als zu wenige Worte und Sachverhalte aufgegriffen, weil für heutige Leser manches vielleicht nicht mehr unmittelbar verständlich ist und keine hohen Anforderungen an das Hintergrundwissen gestellt werden sollten.

Die Abschaffung des geschäftlichen Risico durch Herrn Lassalle.

Ein neues Kapitel

zum

Deutschen Arbeiterkatechismus

von

Schulze-Delitzsch.

Vorwort.

[V] Das von dem verstorbenen Lassalle[1] in Folge der Herausgabe meiner Berliner Vorträge über die Arbeiterfrage[2] gegen mich kurz vor seinem Tode veröffentlichte Pamphlet:

„Herr Bastiat-Schulze von Delitzsch" &c.[3]

stellt sich durch Ton und Haltung auf eine Stufe, daß mir eine jede persönliche Entgegnung erspart bleibt. Dagegen erscheint die sachliche Beleuchtung einiger Hauptsätze des Buches, bei dem jetzigen Stande der Arbeiterbewegung in Deutschland[4] von Interesse. Es

---

[1] *Ferdinand Lassalle starb am 31. August 1864 bei einem Duell wegen einer Liebesaffäre.*

[2] *Diese wurden 1863 in dem Buch „Kapitel zu einem deutschen Arbeiterkatechismus" veröffentlicht (Neuausgabe bei Libera Media).*

[3] *Kompletter Titel: „Herr Bastiat-Schulze von Delitzsch, der ökonomische Julian oder Capital und Arbeit", 1864.*

[4] *Der von Ferdinand Lassalle gegründete „Allgemeine Deutsche Arbeiterverein" hatte zu der Zeit nur wenige Tausend Mitglie-*

1

treten nämlich die Consequenzen der socialistischen Richtung des Verfassers in dieser Ausgeburt leidenschaftlicher Gereiztheit so unverhüllt hervor, der Bruch mit dem gesunden Menschenverstande vollzieht sich bei den von ihm vorgeschlagenen Organisationen so offenkundig, daß selbst seinen gläubigsten Anhängern die Augen aufgehen müssen. Schon zeigt sich die Spaltung in ihren Reihen[1], die zunächst durch die bedenkliche Annäherung bekannter Führer an die Regierungspartei in Preußen[2] veranlaßt

---

der. Der weitaus größte Teil dessen, was in der Zeit als Arbeiterbewegung bezeichnet wird, stand hingegen der Deutschen Fortschrittspartei nahe und war demokratisch eingestellt.

[1] Der „Lassallesche Allgemeine Deutsche Arbeiterverein" spaltete sich 1867 vom ADAV ab. Er stand unter dem Einfluß der Gräfin Hatzfeld, einer ehemaligen Geliebten von Lassalle, die nach seinem Tod die Lehre besonders rein erhalten wollte. Der LADAV existierte noch bis 1872 und vereinigte sich 1869 kurzzeitig wieder mit dem ADAV.

[2] Gemeint ist vor allem Johann Baptist von Schweitzer (1833-1875), der Schriftsteller gewesen war, bevor er seine Berufung als Arbeiterführer fand. Er war der Nachfolger von Ferdinand Lassalle an der Spitze des Allgemeinen Deutschen Arbeitervereins und später Reichstagsabgeordneter für den Wahlbezirk Elberfeld-Barmen. Er lobte die preußische Regierung, was bei der Deutschen Fortschrittspartei aber auch vielen Sozialisten zu Ablehnung führte. Möglicherweise spielte dabei eine Rolle, daß von Schweitzer ein Mitarbeiter der preußischen Polizei war, wie August Bebel am 9. Dezember 1875 im Reichstag enthüllte: „Wir aber wissen es, daß Herr von Schweitzer, der sozialistische Führer, im geheimen ein politisches Werkzeug der preußischen Regierung war, der unter radikaler Maske den Regierungsagenten

wurde, und bei dem Mangel jedes sittlichen und wirthschaftlichen Anhaltepunktes in ihren Strebungen[1] von Tage zu Tage wachsen muß. In jedem Falle hat die Lassalle'sche Agitation genutzt, indem sie durch Schärfung der Gegensätze eine lebendigere Betheiligung der Arbeiter bei den wirthschaftlichen Fragen hervorrief und die der entgegengesetzten Richtung[2] angehörigen auch ihrerseits zu festem Zusammenschluß und energischem Auftreten[3] veranlaßte. Besonders hat sich auch in den gebildeten Kreisen die Ueberzeugung befestigt: daß die ausdauerndste Thätigkeit, die bereiteste Förderung des ehrenhaften Strebens [VI] unserer Arbeiter nach Wohlstand und Bildung erforderlich seien, um uns vor Abwegen[4] zu bewahren, welche die wirthschaftliche, politische und humane Zukunft der Nation gleich schwer bedrohen und geeignet sind, uns in Zustände zurückzuführen, welche auf den arbeitenden Klassen selbst am schwersten lasten würden.

---

spielte."

[1] *Bestrebungen.*

[2] *diejenigen, die der Deutschen Fortschrittspartei nahestanden.*

[3] *Die Anhänger von Lassalle versuchten, die Versammlungen ihrer Gegner mit Saalschlachten zu sprengen. Die Polizei sah dem wohlwollend zu, weil sie so einen Vorwand zur Auflösung von oppositionellen Veranstaltungen erhielt. Gegen die Übergriffe in ihren Versammlungen wehrten sich natürlich die Angegriffenen.*

[4] *Verfolgen von sozialistischen Utopien.*

Schließlich zum Titel des Lassalle'schen Buchs ein Wort. Lassalle hat mir die Ehre angethan, vor meinen Namen den des großen französischen Nationalökonomen Bastiat[1] zu setzen, zu dessen Schule ich mich bekenne[2]. Ich glaube nun ohne Ueberhebung[3] annehmen zu dürfen, daß der erstgenannte, der Wissenschaft zu früh entrissene[4] Forscher ein ehrliches Streben, wie das meine, seine Lehren nicht blos durch populäre Darstellung, sondern auch durch praktische Organisation in das Leben unseres Volkes einzuführen, nicht unwerth erachten würde, neben den eigenen Leistungen genannt zu werden. — In diesem Sinne acceptire ich unsere Namensverbindung durch Herrn Lassalle, und gelobe den Manen[5] Bastiats, daß ich unabläs-

---

[1] *Claude Frédéric Bastiat (1801-1850) war ein französischer Ökonom und Politiker, der den Freihandelsgedanken nach Frankreich brachte. In Übersetzungen war er auch in Deutschland sehr einflußreich.*

[2] *Bastiat vertrat Positionen der klassischen Ökonomen, wobei sein Hauptaugenmerk der Bekämpfung von populären Fehlschlüssen galt. Man könnte ihn zur „Manchester School" zählen, wobei es sich um keine wissenschaftliche Schule handelte, sondern um eine politische Richtung, die sich stark auf ökonomische Argumente stützte. Der bedeutendste Vertreter in der Zeit war Richard Cobden (1804-1865), vgl. dazu etwa Franz von Holtzendorff: Richard Cobden, 1866 (Neuausgabe bei Libera Media).*

[3] *Überheblichkeit.*

[4] *Frédéric Bastiat starb im Alter von nur 49 Jahren.*

[5] *Als die Manen wurden in der römischen Religion die Geister*

sig bestrebt sein werde, mich dieser Ehre würdig zu machen. Und hier bleibt vor Allem nach wie vor meine Aufgabe: die rücksichtslose Bekämpfung des socialistischen Schwindels, durch welchen die große und hoffnungsvolle Arbeiterbewegung unserer Tage von ihrer civilisatorischen Mission abgelenkt und dem Ehrgeiz gewissenloser Menschen überliefert, aus einem Element des allgemeinen Fortschritts zur allbereiten Handhabe der Reaction[1] erniedrigt werden würde, um am Ende in wahnsinnigen Experimenten zu verpuffen.

Potsdam, im October 1865.

Der Verfasser.

---

der Toten bezeichnet.

[1] *Als „Reaktion" wurde die politische Richtung bezeichnet, die zu den Verfahrensweisen der Zeit in den feudalen Zeiten vor der Revolution vor 1848 zurückkehren wollte. Sie war die maßgebliche Richtung in Deutschland von 1850 bis etwa 1858.*

Einleitung.

[1] Um dem verstorbenen Lassalle bei seiner höchsten socialen Leistung

„der Abschaffung des geschäftlichen Risico für seine Zukunfts-Associationen[1]"

zu folgen, wie dies die Aufgabe des gegenwärtigen Schriftchens ist, müssen wir ihn auf den verschiedenen Entwicklungsstufen, mittelst deren die Idee in dem von ihm zuletzt veröffentlichten Buche[2] endlich zum Durchbruch gelangt, begleiten.

Wir haben es daher zunächst mit seinem ersten Anlauf, welcher alles Uebrige schon im Keime enthält, mit der „Aufhebung der ökonomischen Verantwortlichkeit" zu thun, wodurch er für seine Organisation auf diesem Felde gleich von Haus aus eine so vortheilhafte Meinung erweckt.

---

[1] *Ferdinand Lassalle forderte „Produktivassoziationen mit Staatshilfe". Diese Assoziationen seien eine Art Genossenschaften, die vom Staat mit Kredit versorgt werden sollten. Der Staat würde sich die Mittel dazu durch Ausgabe von Papiergeld beschaffen.*

[2] Herr Bastiat-Schulze von Delitzsch, der ökonomische Julian, oder Kapital und Arbeit. Berlin, Reinhold Schlingmann, 1864.

Die Abschaffung des geschäftlichen Risico

Hieran knüpft sich sodann der noch etwas schwache Versuch zur Ergänzung des Systems durch die gegenseitige Assekuranz[1] der Associationen gegen das Risico, worauf wir erst zu der eigentlichen socialen That, zur Abschaffung des Risico selbst, zur völligen Beseitigung dieses fatalen Moments im Geschäftsleben, welches sich seinen Plänen so hartnäckig entgegenstellte, gelangen.

Bei dem bisher völlig Unerhörten einer solchen Lösung des Problems, und weil sich die Ausführungen Lassalle's meist [2] als Widerlegungen auf mein im Vorwort bezeichnetes Buch beziehen, welches das unbestreitbare Verdienst hat, durch die Angriffe auf seine Lehre die ganze Offenbarung aus Lassalle, wie den Funken aus dem Steine, gleichsam herausgeschlagen zu haben, werden wir mit wörtlichen Auszügen aus den beiderseitigen Schriften nicht sparsam sein dürfen. Man muß eben „selbst lesen, um zu glauben" — wenn auch nicht gerade, was L. behauptet, wohl aber daß Jemand überhaupt derlei Dinge behaupten kann!

Demnach zur Sache.

---

[1] *Versicherung.*

I.

Die Aufhebung der Selbstverantwortlichkeit auf wirthschaftlichem Gebiet.

[3] Ich bin in meinen Berliner Vorträgen[1] über die Arbeiterfrage, in denen ich den Weg der Selbsthülfe[2] als den einzigen, welcher zur Hebung der arbeitenden Klassen zu führen vermöge, bezeichnete, von einigen dem schlichtesten Begriffsvermögen zugänglichen Sätzen ausgegangen[3].

---

[1] *Gehalten im Jahr 1863, im Druck erschienen im selben Jahr als „Kapitel zu einem deutschen Arbeiterkatechismus" (Neuausgabe bei Libera Media).*

[2] *Hermann Schulze-Delitzsch hatte seit den 1840er Jahren das Genossenschaftswesen auf Selbsthilfe in Deutschland aufgebaut, dessen bekannteste Form die „Volksbanken" waren. Hierbei lehnten die von ihm geschaffenen Genossenschaften jegliche karitative Unterstützung oder solche durch den Staat ab und verließen sich nur auf ihre Mitglieder und das freiwillige Zusammenspiel mit anderen Genossenschaften.*

[3] Vergleiche mein Werkchen: Kapitel zu einem deutschen Arbeiter-Katechismus. Sechs Vorträge vor dem Berliner Arbeiter-Verein. Leipzig, 1863 bei E. Keil. Seite 3 folgende

Die Abschaffung des geschäftlichen Risico

Der Mensch — so setzte ich meinen Zuhörern auseinander — bringt von Natur Bedürfnisse mit auf die Welt, an deren Befriedigung seine Existenz geknüpft ist; aber zugleich hat ihn die Natur auch mit Kräften ausgestattet, deren richtiger Gebrauch ihn zur Befriedigung seiner Bedürfnisse führt.

Die geregelte Thätigkeit des Menschen zu letzterem Zwecke ist die Arbeit.

Aus dieser unserer natürlichen Beschaffenheit, vermöge deren das Bedürfniß mit der Möglichkeit seiner Befriedigung durch eignes Thun in den einzelnen Menschen zusammenfällt, beide in Wechselwirkung mit einander stehen, folgt die Pflicht der Selbstsorge eines Jeden für seine Existenz, welche die Menschen bei Beschaffung der Mittel zum Dasein auf die eigene Thätigkeit verweist. Darnach sind Alle für ihr Schicksal selbst verantwortlich, und keiner hat ein [4] Anrecht deshalb an die Andern, weil, vermöge derselben Allen gemeinsamen Pflicht, jene Andern für ihr Theil ebensogut ein Jeder mit sich selbst zu schaffen, für sich selbst zu sorgen haben, um zur Befriedigung ihrer Bedürfnisse zu gelangen. Aus diesen in Vernunft und Erfahrung begründeten, überall von der Wissenschaft anerkannten Sätzen, auf deren populäre Darstellung es ankam, ziehe ich wörtlich nachstehende Folgerungen[1], an welche der Gegner seine Angriffe knüpft:

---

[1] Siehe Arbeiterkatechismus &c. Seite 6 folgende und Seite 77.

Hermann Schulze-Delitzsch

„Darauf, daß jeder die Folgen seines Thuns und Lassens selbst trage, und sie nicht Andern aufbürde, auf der Selbstverantwortlichkeit und Zurechnungsfähigkeit beruht die Möglichkeit alles gesellschaftlichen Zusammenlebens der Menschen so wie des Staatsverbandes. Nur unter Wesen, welche wissen, was sie thun, und alle dafür aufkommen müssen, ist eine durch sittliche und politische Gesetze geregelte Gemeinschaft, eine Gegenseitigkeit der wirthschaftlichen und bürgerlichen[1] Beziehungen zu Aller Förderung überhaupt denkbar. Diese Selbstverantwortlichkeit, die sociale Selbsthülfe[2], gerade bei Beschaffung der materiellen Nothdurft[3] des Daseins antasten, wo ohnehin das Thierische in unserer Natur seine dunkele Grenzlinie hat, hieße auf dem Felde des Erwerbes den Krieg Aller einführen, auf einem Felde, wo mehr als in jedem anderen Frieden und Sicherheit die Bedingungen des Gedeihens sind."

---

[1] *Der Begriff ist in der Zeit noch nicht marxistisch verengt als Synonym für „bourgeois". Gemeint sind die Beziehungen der Bürger untereinander auf individueller Ebene, aber auch in Form von freiwilligen Vereinen, Unternehmen, usw.*

[2] *Das Wort „sozial" entspricht für Schulze-Delitzsch dem deutschen „gesellschaftlich". Die Gesellschaft sind die freiwilligen Beziehungen der Bürger untereinander. Sie umfaßt etwa Vereine, Genossenschaften, aber auch Unternehmen. „Soziale Selbsthilfe" ist demgemäß die Hilfe, die über das individuelle Helfen hinausgeht, aber gleichzeitig freiwillig ist und nicht zwangsweise vom Staat organisiert wird.*

[3] *Bedürfnisse. Der Begriff ist heute verengt.*

Die Abschaffung des geschäftlichen Risico

„Indessen setzt diese Selbstverantwort-lichkeit als nothwendige Ergänzung die Freiheit der Arbeit voraus, die Gestattung der ungehemmten Bewegung des Arbeiters im Gebrauch seiner Kräfte und Mittel zum Erwerbe seines Unterhalts &c. Eine Selbstverantwortlichkeit für seine Existenz Jemandem aufbürden wollen, dem man nicht die Freiheit gewährt, sein Geschick selbstthätig in die Hand zu nehmen, ist ein Unding. Verantwort-lichkeit und Freiheit — dies die sich gegenseitig bedingenden Grundsäulen der sittlichen, politi-schen und wirthschaftlichen Welt."

[5] Hingegen tritt L. in der gegen mich gerichteten Schrift[1] mit der Behauptung auf:

„daß die Selbstverantwortlichkeit des Einzelnen nirgends anders, als auf juristischem Gebiete gelte, auf dem ökonomischen nicht,

weil nur auf ersterem die Handlungen Produkt der Willensfreiheit des Einzelnen seien, auf letzterem dagegen erst durch die gesellschaftlichen Zusammenhänge, die Conjuncturen[2] u. dergl. ihre Bestimmtheit empfingen."

---

[1] *Herr Bastiat-Schulze S. 22 folgde. 25.*

[2] *In der Zeit ist noch der wörtliche Sinn präsent: eine Konjunktur ist eine Verbindung. Gemeint sind damit die Verbindungen zwischen verschiedenen wirtschaftlichen Entwicklungen, die insgesamt das hervorrufen, was man heute als Konjunktur bezeichnen würde.*

Hermann Schulze-Delitzsch

„Das ökonomische Gebiet" — so wörtlich — „unterscheide sich von dem juristischen dadurch, daß während auf diesem, auf dem Rechtsgebiet, Jeder verantwortlich sei, für das, was er gethan hat, auf ökonomischen Gebiet umgekehrt heutzutage Jeder verantwortlich sei für das, was er **nicht** gethan hat.

So verlören z. B. bei reichlichen Rosinen- und Getreideernten in Corinth[1], Smyrna[2], im Mississippithal, den Donauländern[3] u. a., die Corinthen- und Getreidehändler in Berlin und Cöln, welche große Vorräthe zu den frühern Preisen auf Lager haben, und umgekehrt; so kämen durch eine mißrathene Ernte oder stockende Zufuhr der amerikanischen Baumwolle[4] Arbeiter dieses Faches in

---

[1] Korinth ist eine griechische Stadt am Isthmus von Korinth, einer Landenge, die Peloponnes und griechisches Festland verbindet. Westlich dieser Landenge befindet sich der Golf von Korinth.

[2] Griechischer Name für die Stadt Izmir an der Ägäisküste.

[3] Die Donaufürstentümer waren die unter osmanischer Oberhoheit stehenden Fürstentümer Moldau und Walachei. 1861 vereinigten sie sich zum Königreich Rumänien. In einem weiteren Sinne könnte auch die Region entlang der Donau von der Ukraine bis nach Deutschland gemeint sein, also fast der gesamte Balkan.

[4] Während des amerikanischen Bürgerkriegs (1861-1865) blokkierten die Nordstaaten die Häfen der Südstaaten. Hierdurch kam die Ausfuhr von Baumwolle nach Europa zum Erliegen. In den Zentren der Textilindustrie, vor allem im Norden von Eng-

England, Frankreich und Deutschland massenhaft außer Brod u. s. w."

Aus diesen von Niemandem bestrittenen Vorgängen die Aufhebung der Verantwortlichkeit des Menschen auf dem Gebiete des Erwerbs abzuleiten, gehört in der That zu den groben Trugschlüssen, wie sie L. in seinen ökonomischen Offenbarungen schon öfters von mir nachgewiesen sind. Trotzdem daß er, nach seinem eignen Zeugniß, jede Zeile bewaffnet mit der ganzen Bildung des Jahrhunderts schreibt, wird er auch hier wieder vor der Vernunft weniger einfacher Sätze zu Schanden, welche das alltägliche Leben selbst Jedem mit gesunden Sinnen begabten zur Anschauung bringt. Wer in aller Welt wird [6] in Abrede stellen, daß bei der Erwerbsthätigkeit des Menschen **außer** seinem eignen Thun und Lassen auch noch andere Factoren in Anschlag kommen, welche auf den Erfolg von Einfluß sind! Aber das ist doch ein grober Fehlschluß: daß um deßhalb, weil das Wollen und Können des Menschen **nicht ausschließlich und allein** den Ausschlag giebt, weil noch andere Einflüsse daneben mit eingreifen können, es nun **gar nicht** in Anschlag komme, der Mensch der Folgen seines Thuns und Lassens dabei gänzlich ent-

---

land, rief das die sogenannte „Cotton Famine" mit hoher Arbeitslosigkeit hervor. Auch in gewissen Regionen in Deutschland mit Textilindustrie, etwa in Elberfeld und Barmen, aber auch in Berlin, kam es zu wirtschaftlichen Verwerfungen. Diese Lage bildete den Ausgangspunkt für die Agitation von Lassalle.

rückt[1] sein soll, jede Verantwortlichkeit dafür bei ihm wegfällt. Es käme wirklich Nichts darauf an — so fragen wir uns ganz erstaunt — wie ich selbst meine Arbeit, meine Berufsthätigkeit angreife, auf welche Weise ich mein Geschäft betreibe, wie ich wirthschafte und haushalte, das Alles soll ohne Einfluß auf mein Geschick, ich der Verantwortlichkeit dafür völlig enthoben sein? — Es sollte einerlei sein für die Gestaltung meines Looses, für den Erwerb meines Unterhalts, ob ich mein Fach verstehe, ob ich mir Einsicht und Kenntnisse verschafft habe, oder nicht; ob ich faul oder fleißig bin, ob ich technische Geschicklichkeit besitze oder ein Stümper bin; ob ich mich im Verkehr als zuverlässig und redlich zeige, oder als unzuverlässig und ein Schwindler, ob ich spare oder verschwende? — Ei, so gehe man doch hin unter die Menschen und sehe zu, wie sich diese Dinge machen, das Alles kommt ja täglich vor in unserer nächsten Umgebung! Da giebt es Leute, die vorwärts kommen und andere mit denen es rückwärts geht — hängt das nicht mit den oben erwähnten Eigenschaften, nicht mit der Handlungsweise zusammen, ist das Alles wirklich reiner Zufall, für den man die Leute gar nicht verantwortlich machen kann? — Solchen Unsinn wird L. Niemandem aufschwatzen!

Mache man sich doch ein für allemal, trotz aller gelehrten Brocken L.'s, in schlichtem Deutsch klar, worauf es hierbei ankommt.

---

[1] *davon entfernt, ohne.*

Die Abschaffung des geschäftlichen Risico

So ist er Mensch beschaffen und so sind die Umstände, unter denen er in die Welt gesetzt ist, daß von zwei Seiten her sein Dasein bestimmt wird. Einmal durch ihn selbst, seine innern [7] Eigenschaften, die eignen Fähigkeiten und Kräfte, deren Ausbildung und Gebrauch, kurz sein Wollen und Können. Sodann durch die Außenwelt, wie sie einerseits als Naturmacht, andererseits als die Summe der gesellschaftlichen Einrichtungen und Zustände, sowie des Civilisationsgrades der Zeiten und Kreise, in denen er sich bewegt, auf ihn einwirkt. Beide Factoren stehen im umgekehrten Verhältniß zu einander, gleich den Schaalen der Waage; je mehr die eine steigt, desto mehr sinkt die andere. Je weniger die innern Eigenschaften des Menschen entwickelt sind, je weniger er selbst weiß und leistet, desto abhängiger ist er von der Außenwelt. Im Gegentheil, je energischer, je umsichtiger sich sein Wollen und seine Kraft bethätigen, jemehr seine Kenntnisse, seine Erfahrung sich erweitern, desto mehr macht er sich aus dieser Abhängigkeit los, desto mehr wird er Herr der Umstände. Aus der Abhängigkeit zur Freiheit, dies ist der Weg, welchen dem Menschen die Natur selbst gewiesen hat, indem sie ihn die erstere oft so bitter empfinden läßt. Und wie wir den Einzelnen aus der hülfelosen Kindheit sich allmählich zur Selbständigkeit durchringen sehen, so die Menschheit im Ganzen und Großen, indem sie in der aufsteigenden Cultur sich einerseits mehr und mehr die Naturmächte unterthan macht, andrerseits ihrer wachsenden Einsicht, ihren gesteigerten Bedürfnissen gemäß, die gesellschaftlichen Einrichtungen stetig vervollkommnet. Sich der Gesetze seines Daseins, und der umgebenden Natur, sowie seiner Kräfte vollkommen bewußt, der letzteren in jeder Beziehung mächtig zu werden, dadurch sich zur Herrschaft über die Natur aufzuschwingen und das äußere Leben den innern leitenden Gedanken immer gemäßer zu gestalten — dies der Kern jedes tüchtigen Einzelstrebens, dies das Ziel der geschichtlichen Gesammtentwickelung unseres Geschlechts.

Die völlige Verkehrtheit der Lassalle'schen Deduction[1] liegt also einmal schon darin, daß er den einen Factor leugnet, und den andern als eine feste unabänderliche Größe auffaßt, während doch beide nur relative Größen sind, die einander bedingen, indem das Wachsen der einen, das Abnehmen der andern nothwendig [8] zur Folge hat. Aber diese Verkehrtheit erscheint noch größer, weil dem von L. geleugneten Factor — dem e i g n e n   W o l l e n   u n d   K ö n n e n des Menschen — auf der gegenwärtigen Stufe des Verkehrs gerade der Hauptantheil der Gesammtwirkung beigelegt werden muß. Abgesehn davon, daß, wie wir sahen, der Culturfortschritt selbst die Tendenz hat, die Waage zu Gunsten dieses Factors mehr und mehr sinken zu machen, bleibt unser eignes Verhalten unter allen Umständen die erste und unerläßliche Bedingung des wirthschaftlichen Gedeihens, des Aufkommens[2] im Erwerb. Denn

---

[1] *Herleitung.*

[2] *Aufstieg.*

wenn auch die andere Seite der Sache, mancherlei äußere der Gewalt und Berechnung des Menschen sich bis zu einem gewissen Grad entziehende Umstände, mit eingreifen mögen: o h n e das Vorhandensein und die Anwendung jener Eigenschaften und Kräfte, deren wir gedachten, würden die g ü n s t i g e n C o n j u n c t u r e n von den Einzelnen gar nicht einmal benutzt, ebenso wenig die u n g ü n s t i g e n überstanden und der Schaden übertragen[1] werden können. Man nehme nur: was nützen dem alle Einsicht, jedes Ueberblicks, der nöthigsten Arbeitsgeschicklichkeit Entbehrenden, dem faulen, dem verschwenderischen Geschäftsmanne und Arbeiter die beste Gelegenheit zum Verdienst, das Zutreffen der günstigsten Bedingungen für den Erfolg, selbst ausreichendes Vermögen? Er bringt es doch zu Nichts. Tappt es ihm einmal auf der einen Seite blind zu, so geht das im Augenblick Gewonnene im andern Augenblick wieder verloren, und das best begründete Geschäft, das genügendste Kapital bestehen nicht auf die Dauer bei verkehrter Verwaltung, untüchtiger Arbeitsverrichtung, bei Faulheit und Verschwendung. Der tüchtige und einsichtsvolle Arbeiter und Geschäftsmann dagegen, der sparsame und sorgsame Wirth[2] und Hausvater, finden die Kraft in sich, jene äußern Conjuncturen bis auf einen gewissen Punkt zu beherrschen, oder doch sich aus unvermeidlichen Unfällen wieder herauszuarbeiten. Und im schlimmsten Falle,

---

[1] *transferieren, delegieren.*

[2] *Hier im Sinne von: jemand, der wirtschaftlich tätig ist.*

wenn ein Geschäft ganz untergeht, der völlige Ruin des bisherigen Erwerbsstandes unrettbar hereinbricht, ist doch gerade in der persönlichen Tüchtigkeit des Betroffenen am ersten die Möglichkeit gegeben, von [9] Neuem sich einen Nahrungszweig zu eröffnen, noch einmal von vorn zu beginnen.

Daß übrigens jene Conjuncturen nicht so unbedingt außer Berechnung kommende Elemente sind, als L. vorgiebt, und daß die vernünftige auf Sachkenntniß und sorgsamer Information gegründete Speculation[1] dabei doch recht wesentliche Anhaltspunkte bietet, ergiebt die tägliche Erfahrung, und L.'s genial sein sollende Behauptung, daß:

„je richtiger, schärfer und genauer den ihm bekannten Umständen angepaßt der Verstandescalcul[2] des Speculanten sei, um desto mehr habe er im Allgemeinen die Wahrscheinlichkeit g e g e n sich"[3],

---

[1] In der Zeit schwang bei dem Wort noch die ursprüngliche Bedeutung mit: eine Überlegung oder eine Berechnung, auf deren Grundlage man ein Geschäft macht.

[2] Berechnung des Verstandes.

[3] Bastiat-Schulze S. 28. Die Begründung dieses Ausspruchs durch den Satz:

"daß die Summe der n i c h t w i ß b a r e n Umstände bei der Speculation jederzeit unendlich die der w i ß b a r e n übersteige",

giebt eine interessante Probe der Lassalle'schen Logik. Nach diesem Vordersatze, auf dessen Unrichtigkeit es dabei nicht an-

wird höchstens die Heiterkeit aller Fachmänner hervorrufen.

Am besten schlagen ihn die von ihm selbst zum Erweis[1] vorgebrachten Beispiele, namentlich die von reichlichen und schlechten Ernten, von Hemmungen der Zufuhr und des Absatzes durch politische oder sonstige Ereignisse in gewissen Artikeln oder im Allgemeinen. Sicher läßt sich durch gehörige Einziehung von Nachrichten darüber Manches erkunden und die neueste Zeit hat [10] eben durch die gewaltigen Fortschritte in Benutzung der Naturkräfte Mittel der schnellen Communication den Geschäftsleuten zur Verfügung gestellt[2], an welche noch vor Jahrzehnten nicht zu denken war. So mag der elektrische Telegraph in der Erkundung der Umstände, die Ei-

---

kommt, nimmt L. selbst das Vorhandensein w i ß b a r e r Umstände bei dem Calcul des Speculanten an, räumt ihnen also selbst einen, wenn auch im Verhältniß zu den n i c h t w i ß b a r e n noch so kleinen Theil der Einwirkung ein. Der Schluß konnte daher nur auf die Geringfügigkeit der Mitwirkung dieses Factors hinauslaufen; statt dessen obige Behauptung, wonach die im Vordersatz anerkannte Mitwirkung nicht blos völlig annulirt, sondern in eine G e g e n w i r k u n g verwandelt wird! Durch das Hinzutreten der Beherrschung der wißbaren Umstände Seitens des Speculanten, die doch immerhin eine wenn auch noch so kleine Summe beim Ansatz des Exempels ausmachen, tritt kein P l u s , sondern ein M i n u s ein!

[1] *Beweis.*

[2] *Telegraphen kamen nach Vorarbeiten in den 1830ern auf. Bis 1850 gab es bereits ein ausgedehntes Netz von Telegraphenleitungen.*

senbahn[1] und das Dampfschiff[2] in augenblicklicher Beziehung oder Versendung es recht wohl ermöglichen, sich durch Verstärkung oder Beschränkung seiner Production und Einkäufe, mit Zurückhalten oder Losschlagen seiner Waaren darnach einzurichten. Aber auch abgesehen hiervon, bleibt doch immer die Hauptsache:

> „daß Jemand sich auf Conjucturen, die er nicht übersieht, nicht weiter einläßt, als sein Geschäftsbetrieb es nothwendig macht und seine Kräfte es ihm gestatten."

Wer sich z. B. in Producten, deren Preise, je nach dem Ausfall der Ernten, bedeutenden Schwankungen unterworfen sind, nur nach reichlichen Ernten bei gedrückten Preisen in größere Einkäufe einläßt, nach schlechten Ernten aber mit hohen Preisen sich nur für den unerläßlichen Bedarf seines Kunden-Kreises bis zur neuen Ernte versorgt und nicht auf ein noch weiteres Steigen der Preise durch eine Folge mehrerer schlechter Ernten speculirt, dem

---

[1] *Die erste öffentliche Eisenbahn wurde 1825 in England (Stockton and Darlington Railway) eröffnet, die erste Verbindung in Deutschland war 1835 diejenige zwischen Nürnberg und Fürth.*

[2] *Der von dem Amerikaner Robert Fulton 1807 gebaute und 1809 patentierte Raddampfer "North River Steam Boat" brachte dann den Durchbruch beim Einsatz der Dampfkraft in der Schifffahrt. Ab 1836 wurde der Radantrieb durch den Antrieb mit einer Schiffsschraube, eine Erfindung des Österreichers Josef Ressel, ersetzt.*

wird vielleicht ein Speculationsgewinn entgehn, wenn die letztere Chance wirklich eintritt, aber er wird mit seinem bescheidenen Geschäftsertrag durchkommen und größere Schäden vermeiden. Jeder solide Geschäftsmann hat das Risico von solchen Conjucturen in seinem Geschäfts-Etat mit in Anschlag zu bringen, muß darauf gefaßt sein, und darf seine Unternehmungen nicht über seine Kräfte ausdehnen. Wer dagegen seinen Operationen[1] einen Zuschnitt giebt, daß er sich nur beim Zutreffen der günstigsten Möglichkeiten halten kann, wer selbst auf solche Weise sein Loos auf den Wurf einer Karte setzt, der mag sich dann, wenn die Dinge anders gehen und der unvermeidliche Ruin über ihn hereinbricht, nicht beklagen. Auf gute und schlimme Tage gefaßt sein, die guten richtig benutzen, um die schlimmen zu überdauern, und so nicht nur die Ausgleichung jener günstigen und [11] ungünstigen Einflüsse herbeizuführen, sondern das Ueberwiegen der ersteren, das wird dem tüchtigen und soliden Manne meist gelingen. Der Bankerutt[2] bildet doch erfahrungsmäßig nicht die Regel in unserem Geschäftsleben, sondern die Ausnahme, und der Verkehr ist seinen innern Bedingungen und Geset-

---

[1] *Geschäftstätigkeiten.*

[2] *Alte Variante zu „Bankrott". Der Begriff stammt vom italienischen „banca rotta" oder „banco rotto", was „zerbrochene Bank" bedeutet. Gemeint war damit die Bank eines Geldwechslers, auf der er seine Geschäfte abwickelte.*

zen nach kein Hazardspiel[1], er wird es nur für den, der ihn frivoler[2] Weise dazu macht. Dann aber nehme, wer dies thut, auch die Wechselfälle hin, die ihn betreffen, als Früchte seiner Handlungsweise. Daß er sie nicht vorhergesehn, daß der Zufall dabei mitgewirkt, entschuldigt ihn nicht. Nicht das rechnet man dem Spieler zu, wenn man ihn für seinen Ruin verantwortlich macht, daß er verliert, daß die Chancen des Spiels, die er allerdings nicht voraussehen konnte, gegen ihn sind, sondern: daß er überhaupt **spielt**! Und damit ist L. ein für allemal abgefertigt, wenn er[3] das ganze Wirthschaftsleben unserer Zeit als reines Glücksspiel charakterisirt. Wohl laufen Auswüchse und Mißbräuche dieser und anderer Art noch häufig genug mitunter, indessen gelten sie auch dafür und rächen sich durch ihre Folgen. Aber wenn man wie L. durch Wegleugnen der ökonomischen Verantwortlichkeit selbst den Zufall als Regulator[4] auf dem Erwerbsgebiet hinstellt, dann hat man zu jener Rüge gar keine Berechtigung, denn dann würdigt man ja gerade den menschlichen Verkehr principiell seinem innern Wesen nach erst zum reinen Glücksspiel herab und es ist unerfindlich, wie man alsdann noch Erscheinungen anklagen will, die man durch eine solche Lehre geradezu herausfordert.

---

[1] *Glücksspiel.*

[2] *hier eher im älteren Sinne von: leichtfertig.*

[3] Bastiat-Schulze S. 28. 29.

[4] *jemand, der die Regeln erläßt und durchsetzt.*

Die Abschaffung des geschäftlichen Risico

— Nein wieviel auch hier bei uns noch zu wünschen und zu bessern bleibt, soviel ist gewiß: daß alle die vorhandenen Mängel nur im Erstreben des immer wachsenden Einklangs zwischen der wirthschaftlichen und sittlichen[1] Welt ihre Ausgleichung finden, der nur bei voller Selbstverantwortlichkeit und Freiheit der Einzelnen möglich ist.

Hiernach beantwortet sich die ganze Frage in folgenden Sätzen: [12]

a) der wirthschaftliche Erfolg, das Aufkommen und Gedeihen der Menschen in Nahrung[2] und Erwerb hängt stets und mit Nothwendigkeit von dem Vorhandensein und der richtigen Anwendung derjenigen intellectuellen, sittlichen und körperlichen Eigenschaften und Fertigkeiten ab, welche in Beziehung zu dem gewählten Geschäftszweig stehen.

b) Außerdem giebt es aber noch äußere, mehr oder weniger der Berechnung und der Macht der Menschen entrückte Umstände, welche möglicher Weise auch mit darauf Einfluß üben können.

---

[1] „sittlich" hat noch nicht die heute verengte Bedeutung, sondern ist hier im allgemeinen Sinne von „moralisch" oder „ethisch" zu verstehen.

[2] „Nahrung" hat in der Zeit eine weitere Bedeutung und bezeichnet alle notwendigen Lebensbedürfnisse, nicht nur die Nahrung im heutigen engen Sinne.

c) keiner dieser beiden Factoren bildet eine feste Größe, vielmehr bedingen sie sich gegenseitig und stehen im umgekehrten Verhältniß zu einander. Namentlich hat der Culturfortschritt des Menschengeschlechts im Ganzen, sowie die Zunahme der Bildung und geschäftlichen Tüchtigkeit bei den Einzelnen die stetige Tendenz, die Abhängigkeit von der Außenwelt immer mehr zu vermindern.

Wir sehen hiernach: das erste in unserem eignen Thun und Wesen begründete Element übt in allen Fällen seinen Einfluß auf die Gestaltung unser wirthschaftlichen Existenz, das kann nicht anders sein. Das andere dagegen, in äußerlichen Einwirkungen wurzelnde kann ihn üben, und übt ihn wirklich in vielen Fällen, mehr oder weniger stark, in vielen aber auch nicht. Dasselbe verhält sich daher zum ersten wie die Möglichkeit zur Nothwendigkeit, und selbst da, wo es mit in Wirkung tritt, beherrscht es den Vorgang nicht, sondern modificirt ihn blos, vermag ihn wohl zu kreuzen[1], aber nicht zu regeln. Das erste, das entschieden überwiegende Element, ist es aber eben, aus welchem die ökonomische Verantwortlichkeit der Einzelnen abgeleitet wird, und damit fällt die ganze Ausführung L.'s in sich zusammen.

Werfen wir noch einen Blick auf die Folgen, welche sich für das practische Leben aus der Lehre L.'s ergeben würden, so kann man sich dieselben

---

[1] *ihm in den Weg kommen.*

kaum toll[1] genug denken. Denn gingen die Dinge so,
wozu denn in aller Welt sich um Kenntnisse und [13]
Geschicklichkeit bemühen, wozu die unbequemen
wirthschaftlichen Pflichten sich auflegen? Fleiß und
Faulheit, Solidität und Liederlichkeit, Tüchtigkeit
und Ungeschicklichkeit, Dummheit und Einsicht:
das Alles sind ja dann ganz gleichgültige Dinge, auf
die Nichts ankommt, die den Leuten ebensowenig
nützen, wie schaden, wie es die Lassalle'schen
Sendboten[2] täglich predigen, indem sie über die Bil-
dungsstrebungen, über das Sparen der Arbeiter spot-
ten. Natürlich! Keiner hat die Verantwortlichkeit für
seinen Nahrungsstand, Keiner also auch die Pflicht
der Selbstsorge, dafür muß die Gesellschaft eintreten, d. h. alle Andern zusammen. Aber, mein
Himmel, mit allen diesen Andern, welche die
Gesellschaft ausmachen, steht es ja um kein Haar
breit anders, die sind ja ebenfalls ihrerseits ein Jeder
dieser Selbstsorge und Verantwortlichkeit enthoben,
auf wem bleibt denn nun schließlich das Ganze sit-
zen, wer tritt denn nun eigentlich für den Andern
ein? — Das ist doch eine verrückte Wirthschaft, und
reizende Zustände, welche uns da in Aussicht stän-
den! Da rufen wir ja die unsinnigsten Ansprüche eines Jeden an einen Jeden hervor, und damit zugleich
den Widerstand eines Jeden gegen einen Jeden. Es
kann nicht fehlen[3]: Mit Aufhebung der wirthschaftli-

---

[1] *verrückt.*

[2] *Abgesandter.*

[3] *es kann nicht ausbleiben.*

chen Zurechnungsfähigkeit und Selbstsorge zerstö-
ren wir die Grundlagen der Gesellschaft und alles
friedlichen Verkehrs, zerreißen alle Bande, welche
die Menschen an einander knüpfen, und erklären den
Krieg Aller gegen Alle, wörtlich, nicht figürlich
genommen. L. hätte sich daher seine gelehrte Auseinandersetzung über den letzten bereits früher von
mir gethanen Ausspruch ersparen können, da derselbe nur in dem Sinne, wie er sich seiner bedient, in
der mißbräuchlichen Anwendung auf die freie
Concurrenz, unter die Phrasen gehört.

So bequem es daher auch den Anhängern L.'s
erscheinen mag, die Selbstverantwortlichkeit
auf das juristische, besonders das criminelle Gebiet
zu beschränken, wir halten an ihr mit ihrer unzer-
trennbaren Wechselbeziehung zur menschlichen
Freiheit und Würde, nicht blos in der ökonomischen, sondern auch in allen andern Lebensbe-
ziehungen fest, wo Menschen han-[14]-delnd Kraft
und Willen bethätigen. Blicken wir z. B. in das Bereich der Sittlichkeit[1]. Treffen nicht den Schaam-
und Ehrlosen, auch wenn er der Justiz nicht verfällt[2],
in der allgemeine Verachtung die Folgen seines
Thuns und Lassens? Richtet die Gesellschaft nicht
die Verletzung ihrer sittlichen Grundlagen ebenso
wirksam, als es das Strafurtheil des Richters nur ir-

---

[1] „sittlich" hat noch nicht die heute verengte Bedeutung, sondern ist hier im allgemeinen Sinne von „moralisch" oder
„ethisch" zu verstehen.

[2] in deren Geltungsbereich kommt.

gend vermöchte, durch Ausstoßung ihres Verächters, den wir gleich einem Verpesteten gemieden sehen? Und nicht anders ist es auf dem Felde der leiblichen und geistigen Gesundheit, wo es dem Menschen auch zumeist geht, wie er es treibt. Freilich können auch hier Zufälle eintreten, äußere Einflüsse sich geltend machen, bei denen von einer Schuld des Betroffenen nicht die Rede ist. Aber es würde dieselbe Verschrobenheit[1] dazu gehören, wie zu dem Ausspruche L.'s in Bezug auf die wirthschaftliche Existenzfrage, deshalb im Allgemeinen die Verantwortlichkeit in solchen Dingen, den Einfluß des eignen Thuns und Lassens zu leugnen. Der Unmäßige in jeder Art des Genusses, wer sich groben Excessen wider die ersten Gesundheitsregeln hingiebt, die hauptsächlichen Lebensbedingungen verletzt, wer sich muthwillig in Gefahren begiebt, denen er nicht gewachsen ist — sie alle betrifft in Siechthum[2] und frühem Tod die Folge ihrer Handlungsweise.

---

[1] *Absonderlichkeit, Skurrilität.*

[2] *Krankheit, besonders eine schwere.*

II.

Die Assekuranz gegen das Risico.

[15] Aber es kommt noch besser. Die unangeneh-me von mir aufgeworfene Frage: „wer das Risico bei den von ihm projectirten Productiv-Associationen der Arbeiter[1], in welche der ganze Gewerbebetrieb der Zukunft verlegt werden soll, zu tragen habe?" war mit Aufhebung der öko-nomischen Verantwortlichkeit nicht beseitigt. Viel-mehr verlangte dieselbe um so mehr eine Beantwor-tung, als der Anspruch auf den Unternehmerge-winn, welcher den Arbeitern in deren Pro-ductivassociationen, neben ihrem Arbeitslohn zuge-wendet werden soll, im engsten Zusammenhange damit steht. Gegen die uralten von mir hervorgeho-benen Sätze: „Wer das Risico trägt, dem gebührt der Gewinn; wer Vermögen und Arbeit an ein Unternehmen setzt[2], mit Gefahr beides zu verlie-

---

[1] *Es soll sich um Genossenschaften handeln, die etwas produzie-ren. Diese werden von den Arbeitern betrieben, aber vom Staat finanziert. Der Staat soll sich nach Lassalle das nötige Kapital durch Ausgabe von Papiergeld verschaffen.*

[2] *in dieses einbringt, investiert.*

ren, wer die ungünstigen Chancen eines Geschäfts, die möglichen Verluste auf sich nimmt, dem müssen auch die günstigen Chancen, der erzielte Gewinn zu gut kommen", mußte L. selbst zugestehen, daß sie mindestens in der jetzigen Welt Geltung haben[1]. Dies greift denn auch bei den auf Selbsthülfe [16] gegründeten Associationen[2] durch, wenn Risico und Gewinn gleichmäßig, bei den Arbeitern, als Unternehmern für eigene Rechnung zusammentreffen. Allein bekanntlich soll für die Associationen L.'s der Staat unter seiner Garantie die nöthigen Kapitalien schaffen[3]. Während also die Mitglieder den Gewinn ziehen, bleibt das Risico dem Staate. Aus dieser Verlegenheit mußte L. einen Ausweg finden, da wir uns nun einmal noch in der jetzigen, nicht in sei-

---

[1] Bastiat-Schulze S. 218. Darin, daß nicht blos das Kapital, sondern auch die Arbeit des Unternehmers verloren werden, wenn das Geschäft schlecht geht, folgt das Unrichtige der Bezeichnung des Geschäftsgewinns als bloßen Kapitalprofits, da derselbe vielmehr das Aequivalent für Kapital und Arbeit bildet, die der Unternehmer gleichmäßig dabei einsetzt.

[2] *Das sind die Genossenschaften nach dem System Schulze-Delitzsch. Selbsthilfe bedeutet dabei, daß man Spenden, karitative Zuwendungen und insbesondere Staatshilfe ablehnt und sich nur auf die Ressourcen der Mitglieder und das freiwillige Zusammenspiel mit den anderen Genossenschaften verläßt.*

[3] Vergl. Offenes Antwortschreiben an das Centralcomité zur Berufung eines deutschen Arbeitercongresses in Leipzig von F. Lassalle. Zürich bei Meyer u. Zeller 1863. S. 23. 27—29. Note S.36.

ner Zukunftswelt befinden; sehen wir zu, wie er
dies anfängt.

An wen hält sich der Staat — so lautet also das
Problem — wenn solche Associationsgeschäfte zu
Grunde gehn, wenn die in ihnen angelegten Kapitalien verloren werden, und er den Gläubigern in Folge der übernommenen Garantie aus öffentlichen
Mitteln gerecht werden muß? — Von den associirten
Arbeitern, welche die Inhaber dieser Geschäfte waren, kann er unmöglich Etwas erstattet erhalten, da
er ja eben wegen deren völliger Mittellosigkeit, welche ihnen die kleinsten eignen Ersparnisse unmöglich machte, die Garantie übernehmen mußte, ohne
welche ihnen Niemand Etwas geborgt haben würde
— so sagt man uns wenigstens. Im Gegentheil, da
die Leute durch den Ruin ihres Geschäftes brodlos
geworden sind, muß ihnen der Staat noch dazu geben, anstatt von ihnen zu bekommen. Denn da das
System L.'s die Abschaffung der Lohnarbeit durch
Ermöglichung eigner Associationsetablissements[1]
zur Staatsaufgabe macht, da ferner darnach jede
Gewerbsbranche an jedem Orte in eine einzige solche Association zusammengelegt werden soll[2], so
bleibt gar nichts übrig, als daß der Staat sofort die
fallirte[3] Association nochmals etablirt, den Mitgliedern derselben noch einmal unter seiner Garantie

---

[1] *Werkstätten der Genossenschaften.*

[2] Vergl. Bastiat-Schulze S. 217.

[3] *bankrotte.*

Geld und Credit schafft, um von vorn anzufangen, weil sie ehedem[1] ja gar nicht wieder in Nahrungsstand kommen [17] könnten. Und dies immer sofort, bis endlich alle Geschäfte in unerschütterlicher Blüthe stehen.

Das Abentheuerliche dieses Plans wird nur von seiner ausnehmenden Lächerlichkeit übertroffen. Dieser Staat — wir deuteten schon im vorigen Abschnitt darauf hin — welcher an den „nothleidenden Klassen", die sich ohne ihn nicht helfen können, solche finanziellen Wunderthaten verrichten, und über so ungeheure Mittel zu diesem Behufe verfügen muß, besteht nach L. lediglich aus denselben Personen, denen er beispringen soll, aus den „nothleidenden Klassen!"[2] — Ist dies, so frage ich, etwas Anderes, als eine neue geistreiche Version der berühmten Geschichte von dem Manne, welcher sich selbst an seinem eigenen Zopfe aus dem Sumpfe zieht[3]?

---

[1] *vorher.*

[2] Vergl. Offenes Antwortschreiben &c. S. 30. 31, wonach die nothleidenden Klassen 89—96 ¼ Prozent der Bevölkerung in Preußen ausmachen, und L. wörtlich sagt: „Ihnen, den nothleidenden Klassen, gehört der Staat, denn **aus Ihnen besteht er!** Was ist der Staat? Ihre, der ärmsten Klassen große Association!" und Seite 36, wo die Staatshülfe deßhalb als Selbsthülfe proclamirt wird.

[3] *Eine Anspielung auf die Geschichte vom Baron Münchhausen, angelehnt an Hieronymus Carl Friedrich Freiherr von Münchhausen (1720-1797).*

Indessen haben wir es hier mit dieser Seite der Sache nicht weiter zu thun und verweisen deshalb auf den Arbeiterkatechismus (Seite 155. 156.), wo man das Nähere darüber nachlesen mag. Aber soviel bleibt doch auch im besten Falle gewiß, daß diese Associationen dasjenige mit allen menschlichen Unternehmungen gemein haben, daß sie mißglücken, daß ihre Geschäfte durch Unglücksfälle oder Fehler der verschiedensten Art zu Grunde gerichtet werden können; daß also ein Risiko hinsichtlich der ihnen angelegten Kapitalien vorhanden ist, an dessen Uebertragung[1] irgendwie gedacht werden muß, um den Staat als Garanten doch einigermaßen zu sichern.

Das hatte denn auch der große Organisator selbst gefühlt, und so gerieth er auf den Gedanken: daß ein Assecuranzverband[2] die verschiedenen Vereine umfassen solle, welcher deren [18] Geschäftsverluste durch ihre Vertheilung unter alle bis zur Unmerklichkeit ausgleiche.[3]

---

[1] *Transfer, Delegation.*

[2] *Versicherungsverband.*

[3] Offenes Antwortschreiben S. 28. Note. Bastiat-Schulze S. 218. Interessant ist, wie Lassalle an der letztern Stelle seine Assecuranz dadurch „practischer" zu machen sucht, daß nur die zu demselben Gewerbezweig gehörigen Associationen im ganzen Lande in die gegenseitige Assecuranz treten sollen. Gerade die gleichartigen Geschäfte werden bei gewissen Conjuncturen — man nehme z. B. die Baumwollennoth der letzten Jahre — auch gleichmäßig betroffen und werden nicht selten sämmtlich und gleichzeitig Verluste

Die Abschaffung des geschäftlichen Risico

Lassalle kommt mehrmals auf diesen Vorschlag zurück, er hat die Unmöglichkeit einer solchen Assecuranz wirklich nicht begriffen, und doch stellt sich die Sache bei nur einigem Nachdenken so einfach dar! Man kann sich wohl gegen gewisse, vollkommen außer der eignen Verschuldung liegende Zufälle, wie Feuergefahr, Hagelschlag, Schiffbruch u. dergl. assecuriren[1], niemals aber gegen alle möglichen Mißerfolge im Leben und Geschäft im Allgemeinen und Ganzen. Die Gesammtheit aller möglichen Geschäftsverluste, gleichviel welchen Ursachen sie entspringen, ist nun eben das Risico, und sich dagegen versichern, heißt, sich gegen den Bankerott versichern. Es geht dies aber einfach um deshalb nicht, weil unter den verschiedenen Einflüssen, welche hierzu mitwirken können, die eigene Handlungsweise, die eignen intellectuellen, sittlichen[2] und wirthschaftlichen Fehler und Mängel des Betroffenen, wie wir im vorigen Abschnitt zeigten, eine zu wichtige Rolle spielen. Dieselben lassen sich aber nur sehr schwer von den andern Ursachen scheiden und in Rechnung bringen, weil ihr Eingreifen in vielen Fällen mit dem, was der bloße Zufall dabei verschuldet, zusammenwirkt und sich nicht

---

erleiden, und solche daher am wenigsten gegenseitig übertragen können.

[1] *versichern.*

[2] *„sittlich" hat noch nicht die heute verengte Bedeutung, sondern ist hier im allgemeinen Sinne von „moralisch" oder „ethisch" zu verstehen.*

leicht auf eine meßbare Größe zurückführen läßt, so
daß ein Urtheil darüber, eine Festsetzung im Streit-
falle meistens nicht wohl gefunden werden könnte.
Weil daher die Assecuranz Lassalle's die Folgen
verkehrten Thuns, geschäftlicher Untüchtigkeit und
Unsolidität in ihrer Allge-[19]-meinheit nicht umfaßt,
so ist sie wegen Antastung der ökonomischen und
sittlichen Verantwortlichkeit, nicht blos verwerflich, sie ist auch finanziell undurchführbar.
Jede Versicherungsanstalt, mag sie unmittelbar von
den Betheiligten ausgehen oder ein Dritter — ein
Einzelner, oder eine Gesellschaft — als Vermittler
dazwischen treten, beruht ihrem letzten Grunde nach
immer auf Gegenseitigkeit, auf Vertheilung des
den Einzelnen durch gewisse Unglücksfälle erwach-
senen Schadens unter Viele davon nicht Betroffene,
und zwar in einer Weise, daß der Antheil eines Jeden
ihn nicht irgend erheblich belastet. Die Fälle, gegen
die man sich versichert, müssen im Verhältniß zur
Menge der Versicherten selten, der dadurch verur-
sachte Schade für die Gesammtheit gering erscheinen, soll die Versicherung durchführbar sein. Daher
muß die Zahl der Versicherten die der Beschädigten,
die Summe des versicherten Vermögens die des
Schadensbetrags bei den vorkommenden Unglücks-
fällen sehr bedeutend übersteigen, wofür uns die üb-
lichen Prämiensätze bei den einzelnen Versiche-
rungsgesellschaften einen Maaßstab an die Hand geben. Wie wir schon gezeigt haben, schließt nun die
Uebertragung sämmtlicher Geschäftsverluste, welche L. durch seinen Assecuranzvorschlag bezweckt,
auch die durch gewagte Speculationen, verkehrte

technische und kaufmännische Leitung, Verschwendung der Fonds[1], unsolide Bedienung der Kunden, leichtsinniges Creditiren[2] und dergl. mit ein. Auf solche Weise, durch Beseitigung der Gefahr einer solchen Geschäftsgebahrung durch den Ersatz der daher rührenden Verluste, würde sich aber die Zahl derselben in das Unberechenbare steigern, ja man würde dieselben geradezu herausfordern. Bedenke man doch hier nur; die Gefahr, die Jemand dadurch läuft, daß ihn der Schaden seines verkehrten und unsoliden Treibens selbst trifft, bildet ja das nothwendige Gegengewicht gegen Trägheit und Bequemlichkeit, wie gegen die Lockung enormer Geschäftsgewinne. Dieses Gegengewicht, als den natürlichen Regulator des Verkehrs, welcher den Unternehmergeist in den richtigen Schranken hält, durch die vorgeschlagene Assecuranz entfernen, wäre nichts Anderes, als die Untüchtigkeit und den [20] Schwindel assecuriren[3]! Jeder Sporn[4] zur Vorsicht, zu gewissenhafter Erkundung aller bei den Geschäftsoperationen[5] in Betracht kommenden Umstände, zu tüchtiger geschäftlicher Ausbildung fiele fort. Die gewagtesten Speculationen, Anlocken der

---

[1] Geschäftsmittel, insbesondere Rücklagen.

[2] Kreditgeben.

[3] versichern.

[4] Ansporn.

[5] Geschäftstätigkeiten.

Kunden durch unbegrenzten Credit u. a. m. griffen unaufhaltsam um sich; recht viele Geschäfte machen, um recht große Gewinne zu ziehen, würde das einzige Streben der Geschäftswelt, da ja dabei schlimmsten Falles Nichts verloren wird, denn man ist versichert! Die Verluste müßten sich reißend vermehren; was bisher die Ausnahme war, würde zur Regel, und die Prämien, die regelmäßigen Beiträge der Versicherten zur Deckung dieser ins Unendliche wachsenden Verlustsummen erreichten sehr bald selbst den Betrag erheblicher Verluste auch für die Wenigen, welche sich von dem schwindelhaften Wesen frei hielten, und überstiegen endlich auch deren Kräfte. Eine köstliche Assecuranz, welche schließlich diejenigen, welche sich bei ihr gegen den Bankerutt versichern, selbst bankerutt macht!

Da der ganze menschliche Verkehr durch eine solche Einrichtung, welche natürlich mit der Aufhebung der wirthschaftlichen Zurechnungsfähigkeit Hand in Hand ginge, völlig zu demjenigen Hazardspiel[1] herabsinken würde, welches wir im vorigen Abschnitt beleuchteten, bedarf keiner nochmaligen Ausführung. Wenn aber dies auch vollkommen der Lehre Lassalle's entspricht, so ist doch die vorgeschlagene Assecuranz selbst von diesem Standpunkte aus das Tollste, was sich denken läßt! Eine Assecuranz auf Gegenseitigkeit unter den Betheiligten bei einem Glückspiel! Spieler, von denen Jeder nichts Anderes weiß und denkt,

---

[1] *Glücksspiel.*

als vom Andern zu gewinnen, wo, wie L. dies selbst
ausspricht, der Gewinn des Einen durch den Verlust
des Andern nothwendig bedingt ist, sollen gegenseitig die Unglücksfälle bei diesem Spiel unter einander
übertragen, mit andern Worten, das ganze Spiel
dadurch wieder aufheben! Die Albernheit und
Unausführbarkeit einer solchen Assecuranz ist klar,
indem dadurch alle Voraussetzungen des Versiche-
rungswesens überhaupt über den Haufen gestoßen
werden. Denn anstatt die Unfälle, gegen welche man
sich schützen will, zu beschränken, vermehrt man
[21] sie ja, man ruft eine Menge davon erst hervor,
welche ohnedem nie eingetreten wären, so daß von
Vertheilung eines verhältnißmäßig geringen Scha-
denbetrages unter Viele davon nicht Betroffene —
worauf die Möglichkeit der Versicherung beruht —
nicht mehr die Rede sein kann. Zugleich verschiebt
man die Verantwortlichkeit der Betheiligten in der
tollsten Weise, und bürdert[1] den tüchtigen und soliden Geschäftsleuten die Verluste auf, welche Andere
durch Mangel an Einsicht, durch Leichtsinn und
Verkehrtheiten aller Art verschulden. Man unterstützt also diese Letztern recht geflissentlich[2] in einem solchen Gebahren auf Unkosten der Ersteren,
und erreicht so den beneidenswerten Zustand: daß
sich die Leute um so besser befinden, je
schlechter sie ihr Gewerbe verstehn und
betreiben! Das wäre so ein Stück des Weges zu

---

[1] *bürdet.*

[2] *scheinbar absichtslos, in Wahrheit jedoch ganz bewußt.*

der vielgepriesenen Gleichheit Lassalle's, zu der
Hülfe für Alle ohne Ausnahme, für den ganzen Arbeiterstand, gleichviel wie sich die Einzelnen
selbst dabei verhalten, wo sich Niemand besonders
anzustrengen oder zusammennehmen braucht: daß
nämlich Alle ohne Ausnahme im Nah-
rungs- und Wohlstande gleichmäßig zurück kämen[1]. Denn wenn man die Tüchtigen und
Untüchtigen, die Fleißigen und Faulen u. s. w. in
dem Lohn für ihre Leistungen, in dem was sie von
ihrer Thätigkeit haben, auf die gleiche Stufe setzt, so
bringt man sie sehr bald auf eine gleiche Stufe in
ihren Leistungen[2]. Dadurch aber käme das ganze
Wirthschaftsleben der Nation zurück, und die vorgeschlagene Assecuranz wäre daher nichts weiter als
die Versicherung des öffentlichen Ruins.

Das zutreffendste Beispiel, wie sich die Dinge
dabei im Einzelnen gestalten müßten, bleibt wohl
das von mir L. schon früher Vorgehaltene[3], auf welches er die Antwort weislich[4] vermieden hat[5]. Eine
Anzahl junger Leute, die sich zum Staatsdienst vor-

---

[1] *sich zurückentwickeln.*

[2] Arbeiterkatechismus Seite 89.

[3] *In den Reden von Hermann Schulze-Delitzsch im Jahre 1863
und in seinem Buch „Kapitel zu einem deutschen Arbeiterkatechismus".*

[4] *wohlweislich, bewußt.*

[5] Arbeiterkatechismus Seite 163. Note.

bereiten, und beim Eintritt ein E x a m e n zu bestehen haben, assecuriren sich gegenseitig für den Fall, daß sie die Prüfung nicht [22] bestehn und der Anstellung verlustig gehn[1], mit der Wirkung: daß der Durchgefallene von der Gesellschaft diejenige Rente für seine Lebenszeit gezahlt erhält, welche beim gewöhnlichen Avancement[2] der durchschnittlichen Beamtenbesoldung gleichkäme. Was anderes würde dadurch bewirkt werden, als daß Viele von den Versicherten, der Sorge um die Existenz ledig, ihren Studien sicher nicht gehörig[3] nachgingen, und daß die Zahl der durch das Examen Durchfallenden anstatt wie bisher etwa 5—10 Procent, künftig vielleicht 50—60 Prozent betragen würde. Die weitere Folge hiervon aber wäre der Bankerutt der Gesellschaft, da die immer mehr verminderte Zahl der in der Prüfung Bestandenen die immer wachsende der Durchfallenden auf die Länge unmöglich aus ihrem Einkommen übertragen[4] könnte, ohne selbst völlig zu Grunde zu gehn.

Es ist nur gut, daß sich aller solcher Unsinn wohl am Studiertisch aushecken[5], aber niemals in practischen Gestaltungen verwirklichen läßt. Die

---

[1] *verlieren.*

[2] *Beförderung, Aufstieg.*

[3] *angemessen, wie es sich gehört.*

[4] *transferieren, delegieren.*

[5] *ausdenken, erfinden.*

Theilnehmer der projectirten Versicherungsgesell-
schaft wären zu bedauern.

III.

Die Abschaffung des Risico.

[23] Von dieser meiner Kritik seiner Assecuranz gegen das Risico scheint Lassalle so
viel profitirt zu haben, daß es gut sei, sich noch nach
einem andern Auskunftsmittel[1] in dieser unange-
nehmen Frage umzusehen. Und da gelangt er auf den
im Eingange[2] angedeuteten Höhepunkt seiner Leistungen, indem er mit dem unbequemen Dinge, dem
Risico, das sich seinen Weltverbesserungsplänen
so wenig gefügig zeigt, kurzen Prozeß macht, und es
ganz einfach abschafft, wodurch natürlich alle
Schwierigkeiten mit einem Male wegfallen. Ja, höre
und staune, o Welt: Das Risico, der Inbegriff aller
Gefahren, welche gewerbliche Unternehmungen bedrohen, ist gänzlich und für immer beseitigt, wenn
die Associationen Lassalle's unter Staatsgarantie
erst, wie sie dies ja nach seinem Plane sollen und
werden, die herrschende Form in Production und
Handel bilden. Herrliche Aussichten! Alle ungünstigen Chancen im Geschäftsleben fallen fort, jedes
gewerbliche Unternehmen muß gelingen, gleich-

---

[1] *Information.*

[2] *am Anfang.*

viel, wie es begründet ist, gleichviel, wie man es dabei anfängt! Man braucht nur zu diesen Associationen zu schreiten und der Welt ist geholfen, es
giebt kein Risico mehr! — Erst damit, erst
durch einen solchen noch nie dagewesenen, im wah-
ren Sinne schöpferischen Coup[1] ist die nothwendige Ergänzung der Lehre von dem Nichtvor-
handensein der ökonomischen Zurech-[24]-
nungsfähigkeit gegeben. Denn wenn jeder Erfolg
auf wirthschaftlichem Gebiete nach dieser Lehre
einzig vom Zufall abhängt, das Wollen und Können
des Menschen einen so untergeordneten Einfluß dabei hat, daß es gar nicht in Betracht kommt, so kann
man die Möglichkeit des allgemeinen Ruins in einem solchen reinen Hazardspiele nur dadurch vermeiden, daß man das thut, was die Spieler von Pro-
fession „corriger la fortune"[2] nennen. Man kommt
dem blinden Glück zu Hülfe, schafft die ungünstigen Möglichkeiten und damit das Risico ab, und
behält blos die günstigen bei, dann muß man gewinnen. Um wieviel durchgreifender ist dieses
Hülfsmittel als die Assecuranz, wo man den ungünstigen Zufall nur durch Aufhebung des günstigen, den Verlust nur durch Aufgabe des Gewinns
ausglich, wogegen hier das berühmte Problem des
Spiels, wobei Alle gewinnen und Keiner
verliert, gelöst wird. Und dies durch ein Mittel, so
einfach und geistreich, wie das Ei des Columbus, ja

---

[1] *kühn angelegtes Unternehmen.*

[2] *„das Glück berichtigen".*

mehr als das — ich sagte es schon — s c h ö p f e -
r i s c h in des Wortes verwegenster Bedeutung! Sehen wir uns die ganze Geschichte nur darauf an, zer-
gliedern wir nur den wirthschaftlichen Vorgang, um
den es sich handelt, und man wird mir Recht geben.

Das R i s i c o , nach allgemeinem Sprachge-
brauch: die M ö g l i c h k e i t d e s M i ß e r f o l g e s im
Erwerb, die Gefahr, Kapital und Arbeit, die man auf
irgend ein geschäftliches Unternehmen verwendet,
zu verlieren, ohne Frucht[1] davon zu ziehn, wird man
selbstverständlich mit denselben Bedingungen in
Beziehung bringen müssen, von welchen der Erfolg
auf diesem Felde abhängt. Wir haben uns damit bereits bei Besprechung d e r ö k o n o m i s c h e n Z u -
r e c h n u n g s f ä h i g k e i t im ersten Abschnitt beschäftigt, und weisen darauf zurück. Im Wesentlichen theilten wir die hierbei wirkenden Ursachen in
zwei Kategorien, indem wir fanden, daß das Aufkommen[2] des Menschen im Erwerbsstande, das Gelingen wie das Mißlingen aller dazu zielenden Bestrebungen bedingt sei:

   a) einmal durch sein eigenes Wollen und Kön-
       nen, die Entwickelung und den richtigen Ge-
       brauch seiner intellectuellen, sittlichen und
       körperlichen Kräfte und Geschicklichkeiten;

---

[1] *Gewinn.*

[2] *Aufstieg.*

b) [25] durch äußere sich der Einwirkung und Berechnung des Einzelnen mehr oder weniger entziehende Umstände.

Wir wiederholen hier nicht noch einmal das über das Verhältniß beider Factoren und ihre Wechselwirkung auf einander bereits an jener Stelle Gesagte, sondern heben nur hervor, wie somit die Bedingungen unseres Erwerbslebens auch in dieser Hinsicht mit denen unserer Existenz überhaupt zusammenfallen, und als unverrückbare Naturgesetze auftreten, indem sie sich sämmtlich einmal auf das von der Natur gegebene Eigenwesen[1] des Menschen selbst, und sodann auf seine ihm wiederum von der Natur angewiesene Stellung zur Außenwelt zurückführen lassen.

Diese Bedingungen des Erfolgs festgehalten, sind damit natürlich zugleich die Bedingungen des Mißerfolgs, d. h. die verschiedenen Ursachen geschäftlicher Verluste, die im Risico inbegriffen sind, angezeigt, und müssen denselben Hauptkategorien eingeordnet werden. Einmal kann das Mißlingen durch gewisse innere Mängel des Unternehmers in intellectueller, sittlicher oder technischer Hinsicht verursacht sein, durch Irrthümer und Mißgriffe, durch Ungeschicklichkeit, durch Mangel an Kenntnissen und Erfahrung, an Fleiß und Energie, durch Verschwendung und schlechte Wirthschaft u. s. w. Das andremal können unvorhergesehene, unverschuldete Ereignisse die geschäftlichen Opera-

---

[1] *Essenz.*

tionen gekreuzt[1] haben, und häufig wirkt beides zusammen. Diesen ganzen Vorgang abändern, die angegebenen im Wesen und Lage des Menschen begründeten Ursachen mit ihren Folgen aufheben, — und das heißt eben das Risico abschaffen — läuft also auf nichts mehr und nichts weniger hinaus, als: die natürlichen Daseinsbedingungen des Menschen zu verrücken[2].

Die höchst verschiedene Begabung und Ausbildung der Einzelnen, Unvollkommenheit und Schwäche der menschlichen Natur überhaupt, die Mängel des gegenwärtigen Culturzustandes[3] müßten beseitigt, die Schranken menschlicher Einsicht und Kraft durchbrochen, die Abhängigkeit des Menschen von der Außenwelt völlig aufgehoben werden — kurz es gälte die Menschlichkeit abzu-[26]-streifen, und man müßte ein Gott sein, um dies alles zu bewirken, Menschen und Welt geradezu umschaffen[4]!

Man sieht, wir haben nicht zu viel gesagt von der Wunderthat Lassalle's, und es ist nur schade, daß wir von diesem himmelstürmenden Anlaufe, zu dem

---

[1] in den Weg gekommen sein.

[2] im älteren Sinne von: verwirren, aus der Fassung bringen.

[3] Unter „Kultur" verstand man in der Zeit sehr umfassend alle menschlichen Schöpfungen, also auch Erscheinungen des gesellschaftlichen und wirtschaftlichen Lebens.

[4] verändern, in einer anderen Form neu schaffen.

er uns mit fortzureißen Miene macht[1], augenblicklich äußerst ernüchtert abstehen[2], sobald wir uns nach dem Mittel umsehen, mit dem diese fabelhaften Dinge in das Werk gesetzt werden sollen[3]. Lassen wir L. selbst reden.

Nach der Ausführung, daß nur der Staatscredit das große Kapital den Arbeiterassociationen zuzuführen vermöge, fährt er wörtlich folgendermaßen fort[4].

„Dies leitet von selbst zu der Widerlegung jenes Einwandes auf den Sie das Hauptgewicht zu legen scheinen. Wie soll der Staat ein solches Risico übernehmen, rufen Sie aus! Das Risico ist eine Illusion, Herr Schulze!"

„In der That, der Unternehmer Peter und der Unternehmer Paul laufen Gefahr, bei der Production ihr Kapital zu verlieren. Denn es ist möglich, daß die Unternehmer Christoph, Gottlieb und Johann ihren Absatz an sich reißen."

„Wenn aber der einzelne Producent diese Gefahr läuft, so läuft die Production doch durchaus keine solche Gefahr. Die Production ist von stetigem Gewinn und Wachsthum begleitet. Lesen Sie nur das

---

[1] *sich anschicken, etwas zu tun.*

[2] *sich fernhalten.*

[3] *realisiert werden sollen.*

[4] Bastiat-Schulze S. 215-218.

erste beste statistische Buch darüber nach, in welchem beständigen jährlichen Zunehmen das in der Production angelegte Nationalkapital[1] begriffen ist."

Es wird Ihnen nun einleuchten, daß, wenn der Staat zu einer solchen Befreiung der Arbeit im Großen sich entschlösse, sich in jeder Stadt nicht einzelne Arbeiter, sondern alle Arbeiter des betreffenden Gewerkes[2], also das ganze Gewerk selbst, oder mindestens alle solche Arbeiter desselben, die sich überhaupt zu Productivassociationen vereinigen wollen, zur Associirung melden würden." &c. &c.

„Ueberdies würde der Staat diesem Triebe nachhelfen, [27] indem er in jeder Stadt nur Einer Association in jedem bestimmten Gewerkszweig den Staatscredit zu Theil werden ließe, allen Arbeitern diese Gewerkes den Eintritt in dieselbe natürlich offen haltend."

„Es würde dem Staat natürlich nicht in den Sinn kommen, innerhalb der Arbeiterwelt dieselben Erscheinungen einzuführen, welche die Bourgeoisie charakterisiren, und auch die in kleinen Gesellschaften gruppirten Arbeiter in concurrirende Bourgeois zu verwandeln. Das lohnte der Mühe! Kurz, wie auch in meinem Antwortschreiben durch den Credit- und Assecuranzverband der Associationen hinreichend angedeutet war: die Productiv-

---

[1] *das gesamte Kapital einer Nation.*

[2] *Branche, Arbeitszweig.*

Associationen, das ist die an jedem Ort in die
verschiedenen Productionszweige zerfallende Pro-
ductiv-Association! Es wäre also sehr bald an
jedem Ort immer ein ganzer Productionszweig
in eine einzige Association concentrirt, und jede
Concurrenz zwischen Associationen einer Stadt
von vornherein unmöglich, wodurch, wie Sie sehen,
für die Association das Risico, welches der einzelne Unternehmer für sein Kapital läuft, beseitigt
ist und die Association sich der gesicherten, immer
vorschreitenden Blüthe bemächtigt, welche der
Production eigen ist."

Da haben wir also die große Entdeckung: Lassalle will durch die projectirten[1] Associationen die Concurrenz aufheben, und, wenn
dies geschehen ist, meint er, mit dem Risico fertig
zu sein! Das ist allerdings neu. Als ob in der Concurrenz alles und jedes Risico eingeschlossen wäre, als
ob die beiden dem Begriffe nach zusammenfielen!
Freilich kann ein Geschäft, besonders ein nicht gut
begründetes, oder schlecht geleitetes, durch eine ihm
plötzlich mittelst der Errichtung anderer in der gleichen Branche gemachte Concurrenz an Absatz
verlieren und Schaden erleiden, sogar in seiner Existenz bedroht werden, und deshalb mag man in der
Concurrenz unter Umständen eine Gefahr erblicken.
Allein ist denn damit die Summe der Gefahren, welche industrielle Unternehmungen bedrohen, er-
schöpft, giebt es keine Anlässe weiter, aus denen für

---

[1] *als Projekt geplanten.*

dieselben Schaden erwächst? [28] Nur und allein durch die Concurrenz soll ihnen der Mißerfolg drohen, gerade durch dasjenige Element, welches sie die Probe ihrer Lebensfähigkeit bestehen, den Beweis führen läßt, daß sie die Sache eben so gut anzugreifen wissen, wie jeder Andere? Das ist ein schlechtes Compliment, welches L. seinen Associationen macht, daß er vor Allem in dieser Probe die Hauptgefahr ihres Bestehens sieht. Damit ist aber die Aufgabe wahrhaftig nicht gelöst. Wir haben uns ja mit den verschiedenen Ursachen des Mißerfolges, die hier mitwirken können, beschäftigt; Mangelhafte Leitung, verkehrte und unsolide Operationen[1], schlechte Arbeitsverrichtung, Vergeudung des Geschäfts-Kapitals, Versäumnisse und Nachlässigkeit, — kurz alle die in der Untüchtigkeit der Unternehmer und Arbeiter liegenden Gefahren fallen doch wahrhaftig mit der Concurrenz nicht fort! Eben so wenig ungünstige Conjuncturen hinsichtlich der Preise, der Bezugs- und Absatzquellen u. s. w. Und diese Abhängigkeit, die Möglichkeit des Mißlingens aus den verschiedensten Ursachen, das gemeinsame Schicksal aller menschlichen Unternehmungen, welches unmittelbar mir dem Wesen und der Stellung des Menschen in der Welt verknüpft ist, soll beseitigt sein, sobald: „in jeder Stadt immer ein ganzer Productionszweig in einer einzigen Association concentrirt ist" — so sagt uns L. Dann mögen es also die Geschäfts-Inhaber so toll und verkehrt anfangen, wie sie wollen, die Pro-

---

[1] *Geschäftstätigkeiten.*

duction vertheuern, die Waare verschlechtern, das Kapital vergeuden, das Geschäft prosperirt[1] doch, lediglich weil es keine Concurrenz hat. Und solche Dinge will uns L. durch die Anführung glaublich machen, „nur die Einzelnproducenten liefen überhaupt eine Gefahr, nicht die Production im Ganzen, sie sei im stetigen Wachsthum und Gewinn, wie das beständige Zunehmen des in der Production angelegten Nationalcapitals beweise!" Sieht er denn nicht ein, wie er damit gegen sich selbst deducirt[2]? Von seinen Associationen, in welche er an jedem Orte alle Arbeiter eines und desselben Fachs je zu einem Geschäft vereinigt, bleibt doch eine jede ein Einzelnunternehmen für besondere Rechnung seiner Mitglieder, wenn auch nicht ein Einzelner, sondern [29] eine Compagnie[3] Geschäftsinhaber ist, keineswegs kann also eine solche Association als Gesammtproduction der Nation gelten, von welcher er seine Gründe abnimmt. Jede derselben ist ein specielles productives Unternehmen und nicht die Production überhaupt. Er selbst will ja jede dieser Associationen selbstständig gedacht, nicht als Staatsindustrie aufgefaßt wissen. Sie sollen „frei und individuell" sein, wie er sich ausdrückt. Die Arbeiter sollen sich „durch freiwillige Asso-

---

[1] *gedeiht, sich gut entwickelt.*

[2] *aus Voraussetzungen ableiten, herleiten.*

[3] *Gesellschaft im wirtschaftlichen Sinne.*

ciationen als ihre eignen Unternehmer organisiren", und so den Unternehmergewinn außer
ihrem Lohn sich aneignen; der Staat soll ihnen nur
die Mittel und Möglichkeit zu ihrer Selbst-
Association bieten, durch Beschaffung des dazu
nöthigen Kapitals.[1] Demnach unterliegen diese Associationen denselben Gesetzen, wie alle anderen
menschlichen Unternehmungen, indem die Zahl der
Theilhaber an dieser Qualität nicht ändert. Und was
dabei von dem steten Zunehmen des in der Production überhaupt angelegten Nationalcapitals
von L. gesagt wird, das acceptiren wir bestens. Diese
stetigen Zunahme ist unter der Herrschaft der bisherigen Industrieform und zwar am raschsten aber da
erfolgt, wo der Selbstverantwortlichkeit und Freiheit, also der Concurrenz, der weiteste Spielraum
gegeben wurde. Daß in dem auf das Gegentheil ba-
sirten System L.'s an ein solches Wachsthum nicht
weiter zu denken wäre, ist ausgemacht.

Aber noch mehr: Die Hauptvoraussetzung, aus
welcher L. diese ganze fabelhafte Wirkung ableitet,
trifft gar nicht einmal zu, die Concurrenz wird auf
dem Wege, den L. einschlägt, gar nicht einmal aufgehoben! Wirklich, es ist eine Illusion, zu
meinen, wenn ein Gewerbszweig in einem einzelnen
Orte, gleichviel ob in den Händen einer Association
oder eines Einzel-Unternehmers monopolisirt wird,
daß nun die Concurrenz für ein solches Geschäft
aufhört. Das hatte allenfalls im Mittelalter einen

---

[1] Offenes Antwortschreiben S. 22—24.

Sinn bei dem schlechten Zustande, der Kostspieligkeit und Gefähr-[30]-lichkeit der meisten Kommunikationswege und Transportmittel, wodurch das Bedürfniß in vielen Dingen auf die örtliche Production beschränkt war. Aber jetzt, im Zeitalter des Dampfes und der Eisenbahnen, bei der Sicherheit und Bequemlichkeit unserer Straßen, bei der Leichtigkeit und Billigkeit des Transports ist an so Etwas nicht zu denken, und die Idee, etwa jeden Ort mittelst Zollschranken von dem andern abzusperren und so viel Zollsysteme in einem Lande zu errichten, als Städte darin sind, ist zu lächerlich, als daß davon die Rede sein könnte. Liefert daher eine solche Association schlechte Waare, befriedigt sie nicht den Begehr[1], oder steigert sie die Preise willkürlich, so versorgen sich die Ortsbewohner sofort durch die Associationen oder Einzelgeschäfte anderer Orte und Gegenden. Die nur im Orte unterdrückte (lokale) Concurrenz gestaltet sich zu einem zwischen den Orten (einer interlokalen) und man kann sicher sein, daß das gegenseitige Interesse der Producenten und Consumenten die geeigneten Verbindungen sich eröffnen und erhalten wird, um dem Bedürfniß Genüge zu thun. Will daher L. auf seinem Wege die Concurrenz wirklich unterdrücken, so bleibt ihm Nichts übrig, als dem Productionsmonopol den Consumtionszwang hinzuzufügen. Das thatsächliche Monopol einer jeden seiner Associationen, die in ihren Gewerbszweig fallenden Artikel in ihrem Orte ausschließlich zu verfertigen, muß durch die

---

[1] *Nachfrage.*

entsprechende Zwangspflicht der Bezirksbewohner verstärkt werden, ihre Bedürfnisse nirgends anders woher zu entnehmen, sonst hilft die erste Maßregel zu Nichts. Und da langen wir denn glücklich wieder bei den verrottetsten Einrichtungen früherer Jahrhunderte an, wie sie im Zeitalter der Bannrechte[1], der Zwangsmühlen und Zwangs-Backöfen, des viel berufenen Bierzwanges und dergl. im Schwunge waren!

Es ist nicht anders, und dahin kommt Jeder, der es, wie L., unternimmt, mit derlei willkürlichen Eingriffen in die natürliche Ordnung Staat und Gesellschaft umzuformen. Gesellschafts-Systeme, welche der menschlichen Natur widerstreben, den angebornen Trieben und Anlagen der Menschen widerstreiten, können [31] nur mittelst des Zwanges durchgeführt werden, wie wir noch heute bei allen Einrichtungen sehen, welche auf derlei Verkehrs-Beschränkungen hinauslaufen. Sobald der Zwang wegfällt, sinken sie in Nichts zusammen. Daher der gemeinsame Haß aller solchen Gesellschaftskünstler, der Zünftler[2] so gut, wie der Sociali-

---

[1] *Bei einem Bannrecht dürfen die Konsumenten eine Leistung nur von bestimmten Anbietern beziehen. Beispiele waren das „Mühlenrecht", d. h. die Pflicht Getreide nur in bestimmten Mühlen mahlen zu dürfen, oder das „Bierrecht", d. h. die Pflicht, Bier nur von bestimmten Brauereien (meist einer) zu beziehen.*

[2] *Anhänger und Verteidiger der Zünfte als zwangsweiser Vereinigungen für Berufszweige mit entsprechenden Monopolrechten. Es gab in Deutschland um die Zeit noch viele derartige Beschränkungen. Allerdings läuft die Zeit gegen sie. Mit der Ge-*

sten, gegen die Concurrenz, die Freiheit auf dem Gewerbsfelde, und Mancher stimmt in das Geschrei ein, ohne zu bedenken, wie schwer man durch Angriffe darauf das gesammte Wirthschaftsleben gefährdet. Aller menschlicher Verkehr, die Möglichkeit der Befriedigung menschlicher Bedürfnisse, beruht auf Arbeitstheilung und Tausch, darüber ist kein Streit.[1] Das ungehemmte Stattfinden dieser beiden wirthschaftlichen Haupt- und Grund-Vorgänge ist aber eben die freie Concurrenz. Wie sie einerseits die Freiheit der Arbeit, die Gewerbefreiheit, das Recht eines Jeden, jeden beliebigen Berufszweig zu ergreifen, zu unternehmen und zu arbeiten, was und wie er es für zuträglich erachtet, einschließt, sichert sie andererseits die Freiheit des Tausches, die Handelsfreiheit, das Recht eines Jeden, seine Dienste und Arbeitserzeugnisse abzulassen[2] an wen und zu welchen Bedingungen er will, je nachdem es ihm am besten paßt und zusagt. Nun ist sowohl in dieser, wie in jeder andern Beziehung die Freiheit, die Möglichkeit des ungehemmten Gebrauchs der Kräfte, einzig das Element aller Entwickelung, und einen Schutz gegen diese Freiheit gewähren, weil irgend Jemand dabei nicht bestehen zu können meint, heißt: zu

---

werbeordnung von 1869 wird die Gewerbefreiheit im Norddeutschen Bund, ab 1871 in Deutschland eingeführt.

[1] Vgl. Arbeiterkatechismus S. 11 flgde. u. S. 52 flgde.

[2] *verkaufen.*

Gunsten eines solchen, der die eigne Entwickelung aufgiebt, die Entwickelungsmöglichkeit eines Anderen beschränken. Dies widerstreitet aber dem allgemeinen Interesse, denn es bringt die Leistungsfähigkeit Aller herunter, was auf die Ergiebigkeit der Gesammtarbeit in Herstellung des Gesammtbedürfnisses nachtheilig zurückwirken, und die Verminderung, Verschlechterung und Vertheurung [32] der zur Versorgung Aller erforderlichen Arbeitsproducte zur Folge haben müßte.

Und diese Tendenz zu Zwangsmaßnahmen, zur Aufhebung der Freiheit und Selbstbestimmung der Einzelnen zeigt sich bei L. überall, auch bei Einrichtung und Bildung seiner Associationen, die ebensowenig freie wie individuelle sind, was er auch davon sagen mag. Ich habe bereits früher ausgeführt[1], daß von geschäftlicher Selbstständigkeit und Freiheit der Bewegung denselben nicht viel übrig bleibt, wenn der Staat, wie L. dies selbst nöthig findet[2], „die Feststellung und Genehmigung der Statuten, und eine zur Sicherung seiner Interessen (als Garant des Geschäftskapitals) ausreichende Controle bei der Geschäftsführung" übernimmt. Und auch bei Bildung der Associationen tritt die freie Wahl der Einzelnen sehr zurück, indem L. nach Obigem ja selbst hauptsächlich darauf rechnet, daß auch bei denjenigen Arbeitern, welche nicht Lust haben, in die Association einzutreten, der Staat

---

[1] Arbeiterkatechismus S. 163.

[2] Offenes Antwortschreiben S. 28, Note.

dem Associationstriebe nachhelfen werde, indem er in jeder Stadt nur eine Association in demselben Gewerbszweige mit seinem Credit unterstützen, und dadurch jedes andre Etablissement von vorn herein unmöglich machen würde. Also indirecter Zwang statt des directen, das ist die Freiheit Lassalle's! Und was dabei interessant ist, das von L. zur Beseitigung der Concurrenz auf diese Weise angewendete Mittel ist selbst wieder die Concurrenz, das Erdrücken des Privatcredits durch den Staatscredit, des Privatkapitals durch das unter Staatsgarantie beschaffte. Freilich bleibt das kleine Bedenken dabei, daß das Geld zu der geforderten Staatsanleihe Niemand anders hergeben kann, als die Inhaber derselben Privatkapitalien, gegen welche es als Kriegskasse zu dienen bestimmt ist.

Weiter machen wir uns einmal zum Ueberfluß noch einen Theil der Folgen klar, der Zustände, die eintreten müßten, wenn [33] die beabsichtigte Aufhebung der Concurrenz überhaupt möglich wäre und in das Werk gesetzt würde.

Was L. davon hofft, liegt auf der Hand: die Beschränkung der Production auf ein einziges Gebiet in jedem Zweige derselben soll diesem die Preisbestimmung, die sichere Abnahme seiner Waaren in die Hand geben, weil die Consumenten nur bei diesem einen Geschäft sich versorgen können und also kaufen müssen. Deßhalb kann denn ein solches Unternehmen gar nicht mißglücken, mag es noch so verkehrt dabei zugehen, die Kunden sind ihm ja sicher, die müssen den Schaden zahlen und noch so viel dazu, daß sich die Mitglieder der Association sämmtlich wohl befinden. Eine andere Wirkung kann diese Maßregel nicht im Auge haben, sie wäre sonst geradezu sinnlos. Also: Alles schlechter erhalten und theurer bezahlen müssen in diesen Associationswerkstätten ohne Concurrenz — eine schöne Aussicht für die Consumenten, und wer anders sind diese, als die Arbeiter sämmtlicher übrigen Gewerbsbranchen? Dies die erste Errungenschaft der neuen Welt — das hätte man den Leuten vorhersagen sollen! Und dagegen läßt sich auf keine andere Art aufkommen, bleibt gar nichts anderes übrig, als daß es Alle, die Mitglieder jeder Association in deren specieller Geschäftsbranche, nun ebenso machen, möglichst geringe Arbeit zu möglichst theueren Preisen liefern, um auf ihren Schaden zu kommen, die Kunden sind ihnen ja ebenfalls gewiß, müssen ja ebenfalls bei ihnen kaufen, da ihnen das Monopol gleichmäßig zur Seite steht. Die Concurrenz, wie sie bisher unter den Geschäften derselben Gattung bestand, als Wetteifer, es einander zuvor zu thun[1] an Güte und Billigkeit der Producte, den Sporn zur Einführung neuer zweckmäßiger Betriebsmethoden und Erfindungen zu diesem Zwecke, wäre man also auf solche Weise los, aber nur, um eine andere Concurrenz, einen anderen Wettstreit dafür einzutauschen: sich einander in den Arbeitsleistungen zu unterbieten, in den Preisforderungen zu überbieten! Freilich nicht in einem und dem-

---

[1] *sich gegenseitig als Vorbild dienen, in Wettbewerb miteinander treten.*

selben Geschäftszweige, denn der gehört ja jedesmal einer einzigen Association als ausschließliche Domaine[1], aber in der Production [34] im Ganzen, indem vermöge[2] der gedachten Einrichtung, jedes dieser monopolisirten Geschäfte mit denen in allen übrigen Gewerbsbranchen den Kampf aufnehmen, und ein allgemeiner Wetteifer, durch möglichst geringe und möglichst theure Waare den möglichsten Gewinn für sich zu suchen entstehen würde, ja entstehen müßte, um den Andern gegenüber zu bestehn! Und da kommen wir zum Kern des ganzen Schwindels. E s ist eine Illusion, auf diese Weise das Einkommen, die Lage der Arbeiter zu verbessern! Ja, wenn einer einzigen Geschäftsbranche diese Ausschließlichkeit ihres Etablissements[3] zuständen, den andern nicht, diese Andern müßten vielmehr nach wie vor durch gute und billige Bedienung der Kunden sich den Concurrenten in ihrem Fache gegenüber halten, dann möchte für die eine begünstigte Klasse die Sache allenfalls gehn. Diese könnte dann die Preise ihrer Producte in die Höhe treiben und dadurch gewinnen, insofern alle übrigen Waaren, die sie wiederum von den andern kaufen muß, ohngefähr[4] in dem alten Werthe verblieben, sie also theuer ver kaufen und billig einkaufen könnte. Allein davon ist

---

[1] *Bereich, Gebiet.*

[2] *durch.*

[3] *Fabriken, Werkstätten.*

[4] *alte Form von: ungefähr.*

ja überall nicht die Rede. Nicht den Arbeitern in einem einzelnen Gewerbszweige, sondern allen Arbeitern in allen nur erdenklichen Arbeitsfächern soll auf die angedeutete Weise geholfen werden, für jede Branche wird an jedem Orte eine einzige Association gebildet, jede hat also die anderen bei einer solchen Preissteigerung in den Händen, jede beutet die andere in der angedeuteten Weise aus, weil sie von ihnen ausgebeutet wird — was und wem soll dies Etwas helfen? Man mache sich doch ein für allemal klar: die gleichmäßige Steigerung der Preise aller Waaren ist so gute wie keine Preissteigerung.[1] Sie nützt keiner Klasse von Producenten, weil die größere Einnahme beim Verkauf ihrer Producte durch die größere Ausgabe beim Einkauf ihrer Bedürfnisse aufgewogen wird. Nehmen wir an, die Preise würden durchschnittlich um 25 Procent erhöht, die Arbeiter in der Associations-Fabrik, die zugleich Geschäftsinhaber und daher wesentlich bei den Preisen für die fabricirten Waaren betheiligt sind, erhielten zusammen nun 25 Procent mehr — was nützt ihnen das, wenn sie [35] eben so viel mehr zum Leben und in ihrer Wirthschaft brauchen? Jeder nimmt vielleicht statt 300 Thaler jährlich 400 Thaler ein, erhält aber für 400 Thaler nicht

---

[1] *Hermann Schulze-Delitzsch geht hier von der klassischen Anschauung aus, daß Geld nur ein „Schleier" über der wirtschaftlichen Wirklichkeit ist, die tatsächlich relevanten Vorgänger aber die durch das Geld nur vermittelten Täusche von Gütern sind. Er unterstellt also die Neutralität des Geldes (wenigstens auf längere Sicht).*

das Mindeste mehr bei Beschaffung seiner Bedürfnisse, wie früher für 300 Thaler. Vortheil hat er von der ganzen Einrichtung sicher nicht, im Gegentheil Schaden, denn die Waare ist mit der Preissteigerung, wie wir sahen, zugleich s c h l e c h t e r geworden.

Weiter fasse man einmal die P e r s o n e n f r a g e rücksichtlich der Mitglieder dieser Associationen von einer andern Seite in das Auge, als wir dies beiläufig rücksichtlich[1] der Freiheit des Eintritts schon im Vorstehenden gethan haben. Natürlich muß, wenn an jedem Orte nur eine einzige Association in jedem Arbeitszweige ist, und diese ihr Kapital durch Staatsgarantie erhält, jedem Arbeiter der Beitritt offen stehen, und der Staat selbst darauf halten[2], wie L. dies ja ausdrücklich fordert. Jeder Arbeiter eines jeden Faches wird aber durch seinen Eintritt in die Association zugleich M i t i n h a b e r   d e s   G e -s c h ä f t s, hat eine Stimme bei Ordnung der Angelegenheiten desselben, ohne daß nach seiner Geschicklichkeit, Solidität, geschäftlichen und sittlichen Tüchtigkeit im Mindesten gefragt wird. Natürlich werden sich die verkommensten Elemente unter den Arbeitern, die in Folge ihres Treibens und ihrer Unfähigkeit sich unter der Herrschaft der Concurrenz in der übelsten Lage befinden, am meisten zudrängen, sie können ja gar nicht besser thun. Was soll dies für eine Rückwirkung auf die Geschäftseinrichtung und Verwaltung ausüben? — Bei der auf S e l b s t h ü l f e

---

[1] *hinsichtlich, in Hinsicht auf.*

[2] *darauf achten, darauf bestehen.*

gegründeten Association[1] ist das anders; da ist man
nicht gezwungen, Mitglieder aufzunehmen, welche
nicht solche geschäftliche und sittliche Garantieen
bieten, daß eine Verbindung mit ihnen, insbesondere
ihr Eintritt in die Gesammtheit, das Einstehen Aller
für Einen, und Eines für Alle in Associationssachen,
überhaupt gerathen erscheint. Den Faulen und Unge-
schickten, den Liederlichen und Verschwender hält
man sich da einfach vom Halse. Ohnehin können
solche Subjecte schon der Hauptbedingung, an welche die Mitgliedschaft mit Nothwendigkeit geknüpft
ist, nicht genügen: fortlaufend kleine Ersparnisse in
die gemeinschaftliche [36] Kasse einzuwerfen. Und
da überdem die Association sich durch die Ge-
sammthaltung wie durch die Haltung ihrer Mitglieder überhaupt Credit, d. h. Vertrauen erwerben,
sich creditwürdig zeigen muß, so bleibt ihr in der
That Nichts anders übrig, als die strengsten Forde-
rungen an sich selbst und an ihre Mitglieder in dieser
Beziehung zu stellen. Das haben die Mitglieder der
vom Staat garantirten Associationen, denen der Credit ohne ihr Zuthun und ihre Würdigkeit gewährt
wird, freilich nicht nöthig. Aber wie es mit Erfahrung, Kenntnissen, Geschicklichkeit, Zuverlässig-
keit, und allen solchen Dingen geht, daß sie eben
erworben werden müssen, daß man sie sich nicht
schenken lassen kann, so ist Tausend gegen Eins zu
wetten: daß solcher geschenkter Credit, der einem zufließt, man mag wirthschaften und seine Geschäfte treiben wie man will, den Leuten Nichts

---

[1] *Genossenschaft.*

nützt, weil sie ihn höchst wahrscheinlich mißbrauchen werden. Schieben sie sich ohnehin noch, wie es im Plane liegt, das Risico, das dem Staate als Garanten verbleibt, und damit das Gegengewicht gegen schwindelhafte und leichtsinnige Geschäftsoperationen und Speculationen vom Halse, so verliert ein solches Unternehmen auch den letzten Halt und sieht dem unausbleiblichen Ruin entgegen.

Zum Schluß dieses Abschnitts noch einige Worte zur Enthüllung unseres Wunderthäters, dem übrigens Jeder, der mit den socialistischen System einigermaßen bekannt ist, leicht auf die Spur kommen wird.

Das ganze Gemisch von Albernheit und Ueberklugheit, Hinwegsetzen über alle Schranken des Möglichen und maßloser Ueberhebung, worauf der angebliche Organisationsplan L.'s hinausläuft, der die Eigenthümlichkeit besitzt, daß niemals irgend Jemand irgend etwas Lebensfähiges darnach organisiren kann, ist einfach weiter Nichts, als ein, im Haschen nach Originalität, gänzlich verfehlter Abklatsch des Systems von Louis Blanc[1], wie dieser es in seinem bekannten Werke l'Organisation du travail[2] zuerst aufstellte, und später bei den Ver-

---

[1] *Louis Blanc (1811-1882) war ein französischer Sozialist, der in seinem Buch „Die Organisation der Arbeit" von 1839 ein „Recht auf Arbeit" proklamierte. Während der Revolution von 1848 versuchte er seine Pläne, etwa Arbeitslose in „Nationalwerkstätten" zu beschäftigen, erfolglos umzusetzen.*

[2] *Französischer Titel des Buchs von Louis Blanc.*

Die Abschaffung des geschäftlichen Risico

handlungen der von der provisorischen Regierung[1] 1848 gleich nach der Februar-Revolution in [37] Frankreich[2] zur Regulirung[3] der Arbeiterfrage eingesetzten Commission des Luxembourg[4], deren Präsident er war, weiter verfolgte.[5]

Um den Kampf der Privatinteressen zu beseitigen, in welchem er den Grund aller socialen Mißstände erblickt, und um diese widerstreitenden Privatinteressen in ein einziges Gesammtinteresse zu

---

[1] *vorläufige Regierung nach dem Sturz der Julimonarchie.*

[2] *Die Februarrevolution beendete am 24. Februar 1848 die Herrschaft des „Bürgerkönigs" Louis-Philippe von Orléans und führte zur Ausrufung der Zweiten Französischen Republik.*

[3] *Regelung.*

[4] *Die Luxembourg-Kommission wurde von der provisorischen Regierung am 25. Februar 1848 als Versammlung von Arbeitervertretern unter der Leitung von Louis Blanc gebildet. Sie sollte soziale Probleme überwachen und lösen. Die Kommission wurde später im Jahr bereits aufgelöst.*

[5] Siehe Bastiat-Schulze S. 232. Wenn ich im Arbeiterkatechismus Seite 82. als Versuche einer Staatsindustrie anführte: „die Vorschläge von L. Blanc und die Nationalwerkstätten von 48 in Frankreich", so ist das vollkommen so gemeint, wie es dasteht, d. h. beide Dinge sind als zwei Beispiele neben einandergestellt und von Hrn. Blanc eben nur Vorschläge, welche nie realisirt wurden (in der Commission des Luxembourg) behauptet, keineswegs die wirklich executirten Nationalwerkstätten auf seine Rechnung gesetzt, da er nur als Mitglied der provisorischen Regierung für die letzteren eine allgemeine Mitverantwortlichkeit hat.

verschmelzen, will L o u i s   B l a n c   die C o n c u r -
r e n z, die er sehr richtig als die P r i v a t i n d u s t r i e
im Allgemeinen auffaßt, aufgehoben wissen durch
den S t a a t, der alle industriellen Etablissements[1] ac-
quirirt und sie an die von ihm organisirten Arbeiterassociationen mit gleichen Rechten der Mitglieder
überläßt, welche er überwacht und leitet. Namentlich
bestimmt der Staat:

1) Arbeitszeit und Arbeitslohn der Mitglieder;

2) den Preis der Waaren und Produkte;

3) die Vertheilung des Gewinns, indem davon:

¼ zur A m o r t i s a t i o n   des Ankaufspreises
der Etablissements der Werkstätten, Maschi-
nen und dergl.; ¼ für i n v a l i d e   u n d   k r a n -
k e Arbeiter; ¼ zur Bildung einer R e s e r v e
und ¼ als D i v i d e n d e für die Arbeiter,

verwendet werden sollen.

4) Endlich soll eine unbedingte Solidarität unter
allen Industriezweigen und deren Etablissements hergestellt und so die Existenz aller
Arbeiter garantirt werden.

Jedermann sieht auf den ersten Blick, daß dies
Etwas ganz [38] andres ist, als die Carricatur, welche
Lassalle daraus gemacht hat. Freilich gilt von der
Auflösung sämmtlicher industrieller Privatetablis-
sements auf diesem Wege dasselbe, was wir von der
Unmöglichkeit und Verwerflichkeit der Staatsindu-

---

[1] *Fabriken, Werkstätten.*

strie, mit ihrer Ertödtung der wirksamsten Impulse der menschlichen Natur zu Tüchtigkeit in Production und Haushalt, mit ihrer Verlegung der wirthschaftlichen Initiative aus den Einzelnen in die Gesammtheit an geeigneter Stelle gesagt haben.[1] Allein Louis Blanc hat doch die Voraussetzungen, unter welchen seine Pläne allein realisirbar sein würden, erkannt und ausgesprochen, und wenn wir auch diese Voraussetzungen selbst für unmöglich und verwerflich und somit das ganze System für ein Hirngespinst halten, so müssen wir doch die logische Folgerichtigkeit anerkennen, mit welcher er sämmtliche Consequenzen daraus ableitet. Daß er an der Spitze der Regierung zur practischen Ausführung seiner Pläne mit berufen, mit der Macht, über die Staatsmittel zu diesem Zwecke zu verfügen, — in eine Situation gerieth, wo jedes solche Project nothwendig scheitern muß — das steht auf einem andern Blatte. Aber davon abgesehen, wenn der Staat es wirklich ermöglichte, die ganze Privatindustrie zu expropriiren[2] und ihre Etablissements seinen Arbeiterassociationen zu übergeben, so möchte füglich[3] von den weiteren Einrichtungen die Rede sein, welche L. Blanc daran knüpft. Denn da der Staat selbst Herr der Etablissements wird, die Associationen gründet und leitet, da sich demnach die sämmtlichen Indu-

---

[1] Arbeiter-Katechismus S. 81. folgende S. 111.

[2] enteignen.

[3] passend.

strie-Etablissements in seinen Händen zu einer ein-
heitlichen Staatsindustrie concentriren, so wird
im Staatsgebiete wenigstens die Concurrenz unter-
drückt, und gegen das Ausland kann durch Schutz-
und Prohibitiv-Zölle[1] das Geeignete festgestellt werden. Selbst das Risico fällt, allerdings nicht an
sich, wohl aber für die Einzelnen insofern fort,
als dieselben gar nicht als Unternehmer auftreten, als
man die davon betroffenen Etablissements und die
darin beschäftigten Arbeiter gegen die Folgen
schlechter Geschäfte durch Uebertragung[2] der Aus-
fälle auf [39] sämmtliche industrielle Etablissements
aller Gattungen im ganzen Lande schützt, den Verlust unter sämmtliche Staatsangehörige vertheilt, das
Risico mit einem Worte von den Schultern der Einzelnen auf die der Gesammtheit wälzt. Und das mit
Fug und Recht, weil diese Gesammtheit, der soziale Staat, eben die Rolle des allgemeinen Unternehmers übernommen, die ganze Industrie zu seiner
Domaine[3] gemacht hat, und über den Gewinn im allgemeinen Interesse verfügt. Daß von allen diesen
Folgen, von der Ertödtung der Concurrenz, der

---

[1] *Bei einem Schutzzoll soll eine inländische Industrie vor der aus-
ländischen Konkurrenz „geschützt" werden. Durch die Zölle stellt
sich ein höherer Preis als ohne sie ein, was von den inländischen
Verbrauchern bezahlt wird, die damit eine Subvention an die
betreffende Industrie zahlen. Bei einem Prohibitivzoll ist der Satz
so hoch, daß der Zoll faktisch ein Verbot für die Einfuhr darstellt.*

[2] *Transfer, Delegation.*

[3] *Bereich, Gebiet.*

Uebertragung des Risico — von dessen Aufhebung noch gar nicht zu reden — bei den freien und individuellen Arbeiterassociationen L.'s nicht die Rede sein kann, haben wir bereits gesehen. L. will[1] keine Association der Arbeit durch den Staat, sondern nur dessen Creditoperation[2], um die von den Arbeitern ausgehenden freiwilligen Associationen möglich zu machen. Er gesteht dem Staate daher keineswegs die Stellung des Leiters und Unternehmers zu, sondern nur die Controle, und gleichwohl legt er ihm, durch das Ansinnen[3] des unter seiner Garantie zu gewährenden Credits, das Risico auf ohne jedes Aequivalent[4], da der Geschäftsgewinn den Mitgliedern seiner Associationen zur Verfügung bleibt. Daß dies im socialen Staate Louis Blancs, bei der Gegenseitigkeit und unbedingten Solidarität der in der Hand des Staates vereinigten Industrie etwas ganz Anderes ist, springt in die Augen. Aber wie man die von den Arbeitern selbst gegründeten und geleiteten Lassalle'schen Associationen, welche nicht unter einer gemeinsamen Oberleitung stehen, in jene unbedingte Solidarität zusammen zwängen will, vermöge deren jede derselben für die Geschäftsoperationen der anderen mithaftet, auf welche ihr nicht der geringste

---

[1] Bastiat-Schulze, S. 258. — Siehe ferner oben S. 16.

[2] *Tätigkeit als Kreditgeber.*

[3] *Gesuch, Bitte.*

[4] *gleichwertige Gegenleistung.*

Einfluß zusteht, um verkehrtem Treiben entgegenzu-
treten zu können, und von denen sie nicht den mindesten Nutzen hat, bleibt unerfindlich. Ist sonach die
Aufhebung der Concurrenz innerhalb des
Staatsgebiets und die Uebertragung des Risico
durch den Staat nur [40] bei durchgeführter Er-
werbsgemeinschaft mittelst der Staatsindustrie
nach L. Blanc'schem System denkbar — wo bleibt
L. nun gar mit der völligen Beseitigung des Risico bei seinen freien und individuellen Associationen! An eine solche Albernheit hat L. Blanc nie gedacht, vielmehr eben im Bewußtsein des auf den
Schultern der Gesammtheit verbleibenden Risico,
Sorge für die Bildung einer Reserve getragen und
zu diesem Zwecke von Staatswegen über einen Theil
des Gewinns verfügt, ja überdem noch einen andern
Gewinnantheil zur Amortisation des in den Associationen angelegten Staatskapitals bestimmt, um den
Staat allmählich aus diesen Unternehmungen her-
auszuziehen. Was geschieht, wenn diese Amortisation vollendet ist, in welcher Weise die Associationen
dann der freien Verfügung der Arbeiter anheimfal-
len[1], und in wieweit dies darauf hinausliefe, die Privatindustrie auf einem Umwege wieder einzuführen,
haben wir hier nicht zu untersuchen.

Ich glaube, daß die Leser an diesen Proben von
der Heilslehre Lassalle's genug haben und will sie
nicht weiter damit ermüden. Man sagt wohl sonst,
von einem großen Geiste, der seinen Zeitgenossen

---

[1] *als Eigentum zufallen.*

weit voran ist, daß sie seine Leistungen nicht zu würdigen wissen:

> er sei zu früh in die Welt gekommen, die Zeit sei für seine Ideen noch nicht reif.

Bei L. verhält es sich umgekehrt. Er ist zu spät in die Welt gekommen, viel zu spät, und nur diesem Geburtsfehler wird es zugeschrieben werden müssen, wenn die Menschheit nie für seine Ideen reif wird. Er hätte, wie wir gezeigt haben, gleich bei der Schöpfung mit thätig sein müssen, um Menschen und Welt für diese seine Ideen von Haus aus zuzustutzen. Das ist nicht geschehen, und so ist die ganze Geschichte verpfuscht! Die projectirte Gesellschaft ohne wirthschaftliche Zurechnungsfähigkeit ihrer Glieder bleibt, wie die Welt nun einmal ist, eine Gesellschaft ohne die Möglichkeit gesellschaftlicher Beziehungen, ein Unding. Und wenn von Zeit zu Zeit einzelne bevorzugte Naturen, die mit der Selbstverantwortlichkeit gebrochen haben [41] und vollständig reif für die neue Weltordnung sind, die Sache in die Hand zu nehmen versuchen, so gerathen sie regelmäßig mit der kleinlichen und philiströsen[1] Anschauungsweise des Bürgerthums in Conflict, welches sich von der Grundlage unseres gegenwärtigen Rechts- und Wirthschaftslebens, dem Privateigenthum und der individuellen Freiheit nicht loszumachen vermag. Das ist eben die schreckliche Befangenheit dieser Bürger, daß sie durchaus

---

[1] *spießbürgerlichen.*

nicht einsehen, wie sie dazu kommen, die Kosten für die Lassalle'schen Versuche aus den gemeinen[1] Staatsmitteln übertragen zu lassen, und daß sie eben so wenig aus der Losung: „Nieder mit dem Kapital!" welche täglich aus Schriften und Versammlungen der Anhänger Lassalle's erschallt, ein Moment entnehmen, welches ihnen besondere Lust zur Vorstreckung ihrer Kapitalien an deren Associationen einflößte. Nicht einmal die in Aussicht gestellte Staatsgarantie vermag sie dazu zu bewegen, weil sie in ihrem beschränkten Fanatismus für das Einmaleins einen Staat, der sich zu derlei Operationen hergeben würde, von Haus aus für bankerutt halten.

---

[1] *allgemeinen.*

IV.

Nachtrag.

[42] Obschon das gegenwärtige Schriftchen seinem Zwecke nach mit den vorstehenden drei Abschnitten schließt, kann ich doch nicht umhin, nachträglich zweier Vorkommnisse zu gedenken, welche während der Abfassung desselben eintraten, und von denen das eine von practischer, das andere von theoretischer Seite die Richtigkeit der darin vertretenen Grundsätze und Bestrebungen in schlagender Weise bestätigt.

In ersterer Beziehung ist es der in meinem regelmäßig erscheinenden Jahresbericht für 1864[1] statistisch nachgewiesene außerordentliche Fortschritt der auf Selbsthülfe gegründeten deutschen Genossenschaften des kleinen und mittleren Gewerbstandes, namentlich der Handwerker und Arbeiter. Während in den Listen des Berichts bereits

---

[1] Jahresbericht für 1864 über die auf Selbsthülfe gegründeten deutschen Erwerbs-und Wirthschafts-Genossenschaften. Leipzig 1865 bei G. Mayer.

890 Vorschuß- und Creditvereine — Volksbanken[1],

183 Associationen in einzelnen Gewerken[2], darunter 28 Produktiv-Genossenschaften[3],

97 Consumvereine

1170 Vereine im Ganzen namentlich nachgewiesen werden konnten, beträgt ihre Zahl gegenwärtig sicher gegen 1300, die der Mitglieder ohngefähr 300,000. Der Gesammtverkehr an [43] gemachten Geschäften derselben überstieg im Jahre 1864 sicher 60 Millionen Thaler[4], während der Umsatz d. h. die Summe der Einnahme und Ausgabe, weit über das Doppelte hinausstieg. Der Gesammtfond[5], womit sie diese Geschäfte machten, also ihr Betriebskapi-

---

[1] *Eine der ersten Genossenschaftsbanken wurde 1862 in Darmstadt begründet, wo sich der seit einem Jahrzehnt bestehende Darlehensverein für Darmstadt und Bessungen am 14. August 1862 in eine Genossenschaft nach Schultze-Delitzschs Grundsätzen umwandelte und den Namen "Volksbank Darmstadt" annahm.*

[2] *Branchen, Berufszweigen.*

[3] *Genossenschaften, die Güter herstellen (im Gegensatz zu Genossenschaften im Handel oder Finanzbereich).*

[4] *1 Taler wird im Deutschen Reich 3 Mark entsprechen. Die Kaufkraft kann man ganz grob mit etwa 50 Euro ansetzen.*

[5] *das gesamte Betriebskapital.*

tal, mußte im Ganzen auf 20—21 Millionen Thaler geschätzt werden, wovon etwa 4 ½ Millionen ihnen, beziehentlich ihren Mitgliedern eigenthümlich[1], durch Ansammeln von regelmäßigen geringen Monats- oder Wocheneinlagen und Gewinnzuschreibungen gehörten, welche als Geschäftsantheile und Reserven gelten, während etwa 16 Millionen Thaler fremde Gelder, in Form von Darlehen oder Spareinlagen ihnen anvertraut wurden. Für alle diese Summen ist der Anhalt in den im erwähnten Jahresbericht mitgetheilten speciellen Rechnungsabschlüssen von 518 Vereinen enthalten, und ich führe daraus nur die Resultate eines Theiles der Vorschuß- und Creditvereine — etwa der Hälfte in dem genannten Jahre an, wonach 455 derselben mit 135,013 Mitgliedern Vorschüsse im Belauf[2] von 48,147,495 Thaler an ihre Mitglieder gegeben, 3,252,757 Thaler eignes Kapital in Reserven und Geschäftsantheilen der Mitglieder angesammelt, und 12,756,582 Thaler fremde Gelder geliehen erhalten hatten. Der Geschäftsgewinn betrug bei denselben zusammen 256,482 Thaler, wovon 71,471 Thaler zu den Reserven geschlagen, 173,350 Thaler den Mitgliedern als Dividende auf ihre Geschäftsantheile gewährt, und meist den letzteren zugeschrieben wurden. Eine kurze vergleichende Uebersicht, die der Jahresbericht enthält, macht die Fortschritte in den letzten Jahren besonders bemerklich, weshalb wir sie hier beidrucken.

---

[1] *als Eigentum gehören.*

[2] *Betrag, Größe, Substantiv zu „belaufen".*

[44]

Vergleichende Ueberſicht der Reſultate von Dorfſchußvereinen von 1859—1864.

1. Rechnungsjahr.	2. Zahl der bei der Abwartſchaft befinnten Bereine.	3. Zahl der Bereine welche Abſchlüſſe eingereicht haben.	4. Mitgliederzahl der leßteren.	5. Gewährte Vorſchüſſe und Prolongationen.		6. Eigener Fond derſelben.				7. Auf Credit entnommene Gelder.				8. Durchſchnittlicher Procentſatz des eignen Fonds zum fremden Fond.
				Geſammtſumme. Thaler.	Durchſchnittsbetrag für die ein-zelnen Bereine. Thaler.	Geſchäftsantheile der Mitglieder. Thaler.	Reſerven. Thaler.	Geſammtſumme von beiden. Thaler.	Durchſchnittsbetrag für die einzelnen Bereine. Thlr.	Anlehne. Thaler.	Spareinlagen. Thaler.	Geſammtſumme von beiden. Thaler.	Durchſchnittsbetrag für die einzelnen Bereine. Thaler.	
1859	183	80	18,676	4,131,436	51,642	246,001	30,845	276,846	3,460	501,795	512,350	1,014,145	12,676	27 5/10 %
1860	257	133	31,603	8,478,489	63,748	462,012	66,845	528,857	3,976	1,069,833	1,322,494	2,392,327	17,987	22 4/10 %
1861	364	188	48,760	16,876,009	89,766	799,375	107,238	907,213	4,825	1,983,441	2,649,036	4,632,477	24,641	9 5/10 %
1862	511	243	69,202	23,674,261	97,425	1,199,545	132,893	1,332,438	5,483	3,441,033	2,747,577	6,188,610	25,467	21 1/10 %
1863	662	339	99,175	33,917,948	100,053	1,803,203	218,047	2,021,250	5,962	5,641,820	3,416,220	9,058,040	26,719	23 3/10 %
1864	890	455	135,013	48,147,495	105,818	2,959,296	293,461	3,252,757	7,148	7,401,317	5,355,265	12,756,582	28,036	25 4/10 %

Die Abschaffung des geschäftlichen Risico

[45] Freilich sind alle diese Resultate nur gering, wenn man sie mit dem Gesammtbedürfniß, mit der Gesammtaufgabe: die Hebung der Lage der arbeitenden Klassen im Allgemeinen vergleicht. Aber dafür ist die Sache auch neu, die ganze Genossenschaftsbewegung noch sehr jung, und die Betheiligung der Handwerker und Arbeiter fängt erst neuerlich an, sich [i]hr energischer zuzuwenden. Soviel aber beweisen diese sehr beachtenswerthen Anfänge, daß die Sache auf dem Wege der Selbsthülfe möglich ist, und daß die arbeitenden Klassen weder wirthschaftlich noch sittlich so weit verkommen sind, daß sie sich nicht selbst helfen können, wie ihnen von L. nachgesagt wird. Vielmehr ist mit unsern Handwerkern und Arbeitern recht viel durchzusetzen, wenn man es nur richtig anfängt. Ueber 4 Millionen Kapital von einem verhältnißmäßig kleinen Theil in den ersten Anfängen, die bekanntlich immer die schwersten sind, bereits erspart und gewonnen, und ein baarer Credit[1] (außer dem Waaren-Credit) von 16 Millionen erworben — der beste Beweis, in welchem Grade sich das Vertrauen des Publikums der Organisation der Selbsthülfe in unsern Vereinen zuwendet. Das ist Etwas! Freilich gegen L.'s Forderung, die wir auf einige Tausend Millionen[2] veranschlagen müssen — denn die würden kaum reichen, die Privatindustrie

---

[1] *Kredit, der in Bargeld vergeben wird, im Gegensatz etwa zu Kredit in Form von Waren.*

[2] *zu ergänzen: Taler, vgl. auch die Fußnote weiter oben.*

nur in Preußen in die Hände seiner Associationen zu bringen — noch herzlich wenig. Aber L. will das Alles erst und zwar von Andern unter Garantie des Staats erlangen — wir aber haben unsere Fonds[1] bereits, und vermehren sie täglich durch uns selbst, und verlassen uns dabei nicht auf fremden guten Willen. — Das ist ein gewaltiger Unterschied! Ich fühle wahrhaftig keinen Beruf[2] zu der Rolle eines Propheten und Wundermannes, ein Fach, welches ich L. und seinen Nachfolgern überlasse. Aber das ist gewiß: bis daß die Anhänger L.'s den Staat in die Gewalt bekommen und durch Staatscredit sich ihre Millionen verschaffen, möchte es etwas lange dauern. Ja, ich behaupte kühn: ehe sie eine einzige Million auf Staatsgarantie geliehen erhalten, haben wir in unsern Associationen gut und gern 100 Millionen eigene Gelder [46] angesammelt, und einen Credit von zehnfachem Betrage. Ist uns doch schon jetzt durch das Netz von Vereinen, welches sich über das ganze deutsche Vaterland erstreckt, eine Stellung auf dem Geldmarkte gesichert. Die Volksbanken insbesondere, welche als Geld- und Credit-Institute, in der Kapitalbeschaffung die unerläßliche Grundlage zur weitern Entwicklung des gesammten Genossenschaftswesens legen, gehen hier allen voran. Hauptsächlich durch ihre Betheiligung war es möglich, einen organischen Verband der Vereine, dessen Geschäfte der Verfasser

---

[1] *Vermögensreserve.*

[2] *Berufung.*

Die Abschaffung des geschäftlichen Risico

als Anwalt der deutschen Genossenschaften[1] bisher geführt hat, und ein Central-Geld-Institut die deutsche Genossenschaftsbank in Berlin[2] in das Leben zu rufen, welche letztere insbesondere die Aufgabe verfolgt, unsern Vereinen die Vortheile und Verbindungen des Großbankverkehrs zu eröffnen[3].

---

[1] *Da Hermann Schulze-Delitzsch sich sehr viel um das Genossenschaftswesen kümmerte und sonst keine wesentlichen Einkommensquellen hatte, schufen die von ihm begründeten Genossenschaft die Anwaltschaft, für die Schulze ein kleines Gehalt erhielt. Die einzelnen Genossenschaften führten dazu einen geringen Teil ihres Reingewinns ab.*

[2] Man vergleiche Jahresbericht pro 1864. S. 2—4.

[3] Bei dieser Gelegenheit erwähne ich die ergötzliche Geschichte, die L. in seinem Buche: (Bastiat-Schulze Seite 213) nach einer angeblichen Aeußerung von mir vorbringt: "ich selbst habe, um Productivassociationen zu gründen, 100,000 Thaler von den besitzenden Klassen aufgebracht, also mein Princip der Selbsthilfe selbst als unausführbar aufgegeben."

An etwas Derartiges hat kein Mensch gedacht. Vielmehr handelte es sich um die Vorbereitung zur Gründung des eben gedachten Geld-Instituts, und ich konnte den Arbeitern schon damals mittheilen, daß die Genossenschaftsbewegung ein solches Vertrauen genösse, daß die Kapitalisten selbst gern sich bei einer zur Förderung des Genossenschaftsverkehrs begründeten Bank betheiligen würden, weil sie es für ein gutes Geschäft hielten. Und so ist es gekommen. Während das Bankkapital an 270,000 Thaler zu ¾ von den Genossenschaften und deren Mitgliedern selbst aufgebracht wurde, war es leicht. weit mehr als das übrige ¼ auf dem Kapitalmarkt unterzubringen. Dies die Frucht des Vertrauens auf die in unsern Vereinen organisirte S e l b s t h ü l - f e , welches sicher nicht getäuscht werden [sic] wird, so daß die

[47] Schon macht sich das erwachte rege Leben auch auf den übrigen Gebieten des Genossenschaftswesens geltend. Außer den R o h s t o f f - und M a g a z i n v e r e i n e n vermehren sich namentlich die Consumvereine in Städten und Distrikten von zahlreicher Arbeiterbevölkerung und gewinnen täglich an Bedeutung. Ja auch die P r o d u c t i v - A s s o c i a t i o n e n, die Vereinigungen von Handwerkern und Arbeitern zu gemeinschaftlichem Geschäftsbetrieb im Großen, die schwerste und höchste Form der Genossenschaft, beginnen in hoffnungsvollen Anfängen aufzutreten und finden bei unsern Creditinstituten, soweit irgend thunlich[1], jede wünschenswerthe Förderung. Gewiß greifen dieselben, indem sie die Arbeiter zugleich zu ihren eignen Arbeitgebern machen, am nächsten und unmittelbarsten bei Lösung der socialen Frage ein, und müssen daher als das letzte Ziel der Bewegung in das Auge gefaßt werden. Daß und welche Vorbedingungen zu ihrer Errichtung nothwendig sind, um das Gelingen zu sichern, ist deßhalb unter Zugrundelegung aller Erfahrungen Gegenstand eingehender Erörterungen gewesen[2], und die besonnene Haltung unserer Arbei-

---

Actien der erwähnten Bank, deren Verzinsung und Dividende gesichert sind, als eine gute Geldanlage im geschäftlichen Sinne gelten, und kein Mensch sie als eine U n t e r s t ü t z u n g betrachten wird.

[1] *ratsam, angebracht.*

[2] A r b e i t e r k a t e c h i s m u s S. 142. 145. und flgde., und mein F l u g b l a t t: Die Vorschußvereine und die Productivgenossenschaften. Berlin bei Franz Duncker, 1865.

terkreise hat im Ganzen die Richtung inne gehalten[1], welche für die theils schon in das Leben gerufenen theils in der Vorbereitung begriffenen Schöpfungen das Beste hoffen läßt. Dem Verfasser wurde die Freude, bei der Gründung der meisten mit Rath und That zu helfen, und er lebt der Hoffnung, daß, wo die von ihm empfohlnen Grundsätze dabei leitend gewesen sind, sich diese Vereine schon in den nächsten Jahren erproben und ihre Mitglieder die Früchte der vielfachen Entbehrungen und Anstrengungen, welche mit den Anfängen unausbleiblich verbunden sind, ernten werden. Ist aber erst mit einer Anzahl vollkommen durchgeführter und dauernd erprobter Associationen dieser Art die Bahn gebrochen, so wird es an der Nachfolge nirgends fehlen, und damit für die Production überhaupt, [48] insbesondere aber für die Stellung der Arbeiter dabei eine neue Periode anbrechen.

Die theoretische Bestätigung der volkswirthschaftlichen Grundsätze des Verfassers, deren gedacht wurde, ist in dem Werke des ersten der jetzt lebenden Forscher, des berühmten Amerikaners Carey[2]:

„Die Grundlagen der Socialwissenschaft"[3]

---

[1] *eingehalten, daran festgehalten.*

[2] *Henry Charles Carey (1793-1879) war ein amerikanischer Nationalökonom.*

[3] *Originaltitel: "Principles of Political Economy", Philadelphia 1837-40 (in drei Bänden).*

enthalten, welches 1860 vollendet, im vorigen Jahre durch die Uebertragung des Dr. Adler, München 1863—64 (E. A. Fleischmann'sche Buchhandlung) dem deutschen Publikum zugänglich gemacht wurde, auf welches wir nicht unterlassen mögen, bei dieser Gelegenheit als auf eine der bedeutendsten Erscheinungen dieses Gebietes aufmerksam zu machen. Das Falsche und Verwerfliche der Lehren der neuern Englischen volkswirthschaftlichen Schule[1], insbesondere der Theorieen des Ricardo[2] und Malthus[3], auf welche L. seine Hauptsätze stützt, ist hier schlagend nachgewiesen, und es ist merkwürdig, daß der mit der ganzen Bildung des Jahrhunderts bewaffnete L. die frühern Werke des Mannes, worin dessen wahrhaft Epoche machenden Entdeckungen auf national-ökonomischem Gebiete seit länger als zwei Jahrzehnten einzeln auftreten, gar nicht gekannt hat. Das letzt erschienene Carey'sche Werk faßt die Aufgabe in einer Größe und Tiefe, an welche vor ihm nicht gedacht wurde. Die National-Oekonomie erscheint darin als Theil der Socialwissenschaft, d. h. der Wissenschaft vom Menschen als Gesellschaftswesen überhaupt, welche es mit allen seinen

---

[1] Man würde diese heute zur klassischen Nationalökonomie zählen. „neuer" vielleicht im Vergleich zu Adam Smith (1723-1790).

[2] David Ricardo (1772-1823) war ein britischer Ökonom.

[3] Thomas Robert Malthus (1766-1834) war ein britischer Ökonom.

von der letztern Eigenschaft niemals trennbaren Le-
bensbeziehungen zu thun hat, und daher alle andren
Wissenschaften umfaßt, mittelst deren der Mensch
zum Bewußtsein der Gesetze seines eigenen Wesens
und der ihn umgebenden Natur gelangt, namentlich
die letztere zu beherrschen und seinen Daseins-
zwecken dienstbar zu machen in den Stand gesetzt
wird. Indem Carey davon ausgeht, die Identität, das
Zusammenfallen der physischen und socialen Gesetze nachzuweisen, führt er die socialen Erscheinungen überall auf die großen Natur-[49]-gesetze zurück,
die in ihrer Einfachheit und Allgemeinheit die Bewegung des Stoffes eben so regeln, als wie den
Cultur-Fortschritt der Menschheit. Und demgemäß
zeigt er uns auch, daß, wie die Gesetzlichkeit der
Natur in der vollkommenen Harmonie der Weltordnung ihren Abschluß findet, die Entwickelung der
gesellschaftlichen Verhältnisse unsers Geschlechts
dem Ziele steter Vervollkommnung vermöge derselben ewigen Gesetze entgegenschreitet. Als Mittel,
diese Ziele zu erreichen, gelten ihm:

1) die höchste individuelle Ausbildung
   der Einzelnen zugleich als Bedingung
   der höchsten gesellschaftlichen
   Entwickelung und

2) als das nothwendige Element hierzu die
   größte Freiheit, Hand in Hand mit der
   größten Verantwortlichkeit für deren
   Gebrauch.

Von den Lehren des Ricardo und Malthus aber,
welche die Natur bei Schaffung des Menschen und

Regelung seiner Bedürfnisse als im Widerspruch mit sich selbst darstellen und aller Vernunft und Erfahrung entgegen den Rückschritt der Civilisation, die allmälige Verschlechterung aller menschlichen Zustände in Aussicht stellen, weist er nach[1]:

> „daß sie die unvermeidliche Folge haben, den Arbeiter schließlich zum Sklaven zu machen!"

Und solche Lehren sind es, von denen Lassalle bei seinen Vorschlägen, wie den Arbeitern geholfen werden soll, ausgeht.

---

[1] Carey Socialwissenschaft Th. I, cap. 19, §§ 6. 7. Die einzige Abweichung Carey's ist, daß er, mit besondrer Rücksicht auf die amerikanischen Verhältnisse, Schutzzölle zur Entwicklung der heimischen Industrie als Durchgangspunct zum Freihandel für nöthig hält.

Aaron Bernstein:

Schulze-Delitzsch

Leben und Wirken

Kommentierte Ausgabe bei Libera Media.

Zum siebzigsten Geburtstag verfaßte Aaron Bernstein (1812-1884), Redakteur der demokratischen Berliner Volks-Zeitung, eine Biographie von Hermann Schulze-Delitzsch.

Verfolgt wird der Lebensweg von der Kindheit im sächsichen Delitzsch über das Studium in Leipzig und Halle bis hin zu den politischen Aktivitäten während der Revolution von 1848 sowie später im Preußischen Abgeordnetenhaus und im Reichstag.

Und natürlich fehlt auch nicht eine Würdigung der Leistung von Hermann Schulze-Delitzsch für das Genossenschaftswesen.

WEITERE BÜCHER ZUM THEMA
BEI LIBERA MEDIA

- **Hermann Schulze-Delitzsch:**
  Die soziale Frage

- **Hermann Schulze-Delitzsch:**
  Soziale Rechte und Pflichten

- **Hermann Schulze-Delitzsch:**
  Kapitel zu einem deutschen
  Arbeiterkatechismus

- **Eugen Richter:** Schulze-Delitzsch
  – ein Lebensbild zur
  Denkmals-Enthüllung

- **Eugen Richter:** Die Consumvereine
  – ein Noth- und Hilfsbuch für
  deren Gründung und Einrichtung

Mehr finden Sie auf unserer Website:

http://libera-media.de

Bisher erschienen bei Libera Media

www.ingramcontent.com/pod-product-compliance
Lightning Source LLC
Chambersburg PA
CBHW071202280526
45787CB00002B/576